JN328500

高齢者住宅が
あぶない
介護の現場で
いま何が
起こっているのか

濱田孝一

花伝社

序章　いま、高齢者住宅で何が起こっているのか　7

第一章　超高齢社会の現実と高齢者住宅の役割　25

第二章　混乱する高齢者住宅制度、激増する無届施設　47

第三章　役割を見失った特養ホーム・社会福祉法人　79

序章　いま、高齢者住宅で何が起こっているのか

無届施設における入居高齢者への虐待報道が続いています。

２０１５年2月、東京都北区は、高齢者虐待防止法に基づき、医療法人に改善を指導しました。その医療法人が運営するシニアマンションでは、紐や拘束具などでベッド柵につなぐなど、日常的に入居する高齢者に対して身体拘束が行われていました。その数は入居者１６０人の内、８割以上の１３０人（区が認定したのは内96名）に上ります。

このシニアマンションを運営する医療法人は、「生命、身体を保護するために医師の指示によってやむなく行ったもので、身体拘束や虐待ではない」と反論しています。

3月には、名古屋の無届施設で働いていた3人の介護職員が、暴行罪で逮捕されています。93歳の認知症の女性に対して暴行を加えている様子を自らスマートホンで撮影、その動画をＬＩＮＥで共有していました。その映像には、鼻の中に指を入れて上に持ち上げる、口の中に手を入れて上下に動かすなどの暴行の様子や、「いやいや……」「やめて……」という悲鳴、撮影する

介護スタッフの笑い声などが記録されていたと言います。

当施設の女性社長は、「悪ふざけしたのだと思う」と答えています。

これまでも思わず叩くことはあった

老人ホームの介護スタッフによる入所者への虐待はこれまでも報告されていたのですが、この数年で、その様相は一変しています。

これまで多かったのは、個人による暴力や虐待です。

食事介助中に、「こんなまずいもの食えるか」と顔に向けて食事を吐き出され、思わず頬をたたいてしまったというケース。20年以上前になりますが、私も老人ホームで介護の仕事を始めた頃、顔が米粒だらけになる経験をしたことがあります。また、夜間せん妄などで、突然怒り出して手が付けられなくなる高齢者もいます。どちらも認知症による症状だとわかっていても、スタッフコールが重なったり、夜勤などで疲れていれば、一時的にウンザリしたり、ムッとしたりしてしまうことはあります。

また、介護は通常1対1で行われることが多いため、夜勤帯など、他のスタッフの目の届かないところで、入居者の腿を抓《つね》ったり、暴言を吐いたり、頭を叩いたりするというケースも報告されています。

識者や専門家が、高齢者虐待の原因について、「介護労働は、責任の重い仕事であり、加えて夜勤などもあり、身体的、精神的なストレスも大きいため」と解説することがあります。プロとして決して許されることではありませんが、それが1つの理由であることは間違いありません。

ただ、一時的に感情的になった介護スタッフも、普段は熱意をもって働いている人が多く、その行為に対して強い後悔、反省をしています。また、隠れて故意に虐待を行ったのは1人のスタッフであり、それ以外は、適切な介助介護を行っています。当該スタッフに反省を促し、再教育を行うなり、その個人のスタッフを特定し、厳しく懲戒すれば虐待はなくなります。

面白がるように集団で

しかし、近年目立つのが、このような個人的な資質に基づくものではなく、組織的な虐待と呼ばれるものです。

上記2つの事例は、介護の専門家に意見を求めるまでもなく、第三者から見れば明らかに異常な状態ですが、それが表面化しても、行っている本人だけでなく、経営者を含め「虐待ではない」「悪ふざけ」と、その重大性に気が付いていません。言い換えれば、転倒すると危ないからと安易にベッドに括《くく》りつけたり、認知症の入居者をバカにしたり、みんなで笑ったりすることが、他のスタッフに見られても平気な、その事業所にとっては見慣れた「日常的な行為、いつもの風景」であったということです。

これは、「介護のストレス」や「給与や待遇の低さ」とは何の関係もありません。

単なる、虐待行為や身体拘束に対する慣れです。

こうなると、逮捕されたスタッフを退職させたり、通り一遍のスタッフ教育や研修を行ったりしても、正常な状態には戻りません。事業者、経営者、医師を含め、そこで働くスタッフ全員の認識が、完全に麻痺しているからです。

野放しの無届施設のもう1つの虐待

無届施設で問題となっているのは、暴言や暴力などの身体的虐待だけではありません。

もう1つ、表面化しにくい虐待が、入居者の金銭を搾取する経済虐待と呼ばれるものです。

認知症高齢者が入所し、お金の出し入れや、年金の管理ができない場合、利用料や日々の生活費の支払いのために、施設の事務所で通帳や印鑑を管理することがあります。

ただし、金銭を取り扱う場合、不正やトラブルが発生しやすいことから、「印鑑と通帳は別々の人間が管理する」「入出金に関しては2人以上の職員が確認する」「定期的に保証人や家族に入出金の状況を開示する」「成年後見制度を活用する」など、第三者がチェックする体制を構築しなければなりません。財産管理の契約書を交わし、少額取引であっても、すべて領収書やサインを徴収するなど、非常に手間のかかるものです。

また、保証人のない高齢者が亡くなった場合、残った財産や預貯金（遺留金品）をどうするのかという問題もでてきます。

身寄りがないことと、法定相続人がいないことは意味が違います。

相続人がわからない場合、戸籍を取り寄せるなど、相続人を把握する調査を行政に依頼しなければなりません。相続人がいない場合、残ったお金は、市町村に保管され、家裁の相続財産管財人を経て、国庫に納入されることになります。

この財産管理や遺留金品の引き継ぎは、特養ホームでも行われていますが、不正を防止するため、適切に行われているか、行政からの監査が入ります。また、本人が「死んだら、全部老人ホームに寄付してほしい」と遺言していたとしても、それは禁止されています。

しかし、無届施設では、これら財産管理に関する規定がなく、誰もチェックしないため、入居者の年金や預貯金が適切に管理され、本人のために使われているのか、また死亡後に、適切な引き継ぎが行われているのか全くわかりません。

数百万円あったはずの預貯金が、いつの間にか引き出され、亡くなった時には数百円の残高になって戻ってくる、持っていた貴金属が行方不明というケースもあると言います。明らかな犯罪ですが、誰がどうしているか、どうなっているのかさえ、わからないのです。

集団感染の危険性

命の危険に直面するような事例も発生しています。

毎年、インフルエンザやＯ１５７、ノロウイルスなどが流行しますが、抵抗力の落ちている高齢者は罹患しやすく、死亡など重篤化するリスクが高くなります。

そのため、特養ホームや有料老人ホームでは、重症者が2人以上になれば、行政に届け出なければなりません。社会的にも関心が高まっていますから、「老人ホームでインフルエンザが流行、1人死亡」「病院で院内感染、患者2人死亡」といったニュースを聞かれたことがあるでしょう。

しかし、ある無届施設では、3年前にインフルエンザとノロウイルスが蔓延し、1ヶ月の間に12人、4ヶ月の間に合計28人もの高齢者が亡くなっていたことがわかりました。

1人や2人の死亡者があっただけでも、新聞やテレビのニュースとなることを考えれば、28人も亡くなっていたという状態が、どれほど異常な事態かわかるでしょう。

「できる限りの対策を採っていた」「すべてが感染症ではない」とのことですが、感染による死亡者が半数だったとしても、考えられない異常な数字です。

適切な対策が採られていれば、数十人もの高齢者が亡くなるということはなかったはずです。これは、行政上の届け出、報告義務云々というよりも、業務上過失致死に問われるべき事例です。数十人の高齢者が亡くなるという異常事態においても、事業者は「ちゃんとやっていた」「届け出義務はない」との一点張りで、厚労省も自治体も知らないふりで、今ではもう、何もなかったことになっているのです。

これは感染症の問題だけではありません。無届施設の中には、建築基準法や消防法に違反した、住居とは認められないような違法建築のものも少なくないと言われています。火災や地震などの防災対策や防災訓練さえ行われていないところが大半です。

更に、介護スタッフのミスによる転倒や転落などによる骨折、入浴中の溺水や食事中の窒息による死亡事故などが発生しても、行政への報告義務がありませんから、中でどのようなサービスが行われているか、どのような重大事故が起こっているのかわかりません。

このような、入居者の安全な生活を確保するための最低限の対策や報告さえ、行われていないのが無届施設なのです。

自分の老後として、考えてみてほしい

私のもとには、ニュースになった事件だけでなく、無届施設や老人ホームでの高齢者虐待と呼ばれる行為について、そこで働くスタッフや家族から相談が寄せられ、テレビや新聞などのマスコミや警察関係者からも意見を求められることが増えてきました。複数の映像や音声、写真のほか、ケアプランと呼ばれる内部書類も目にしてきました。

入り口ドアも仕切りのカーテンもない部屋に複数のベッドが置かれ、その上で暴れても外れないように両手両足がうっ血するほどきつく縛られている複数の高齢者。目はうつろで時折、奇声をあげる。「痛い、痛い、ほどいてぇ～」という悲鳴や、「汚い、臭い」「早く死ねババア」という暴言、それを取り巻く複数人の笑い声。括られているためにトイレにも行けず、尿も便もオムツの中に垂れ流し。そのままの状態で3

時間も4時間も放っておかれるため、施設内は、清掃の行き届かない動物園のように常に排泄物の匂いが充満しているといいます。

このような状態に置かれると、寝返りや手足を伸ばすことさえできないため、筋力は低下し、関節は拘縮、数週間のうちに歩けなくなってしまいます。その劣悪な状況に耐えられず、認知症が急速に悪化する高齢者も少なくありません。

このように日々虐待を受けている高齢者について、社会問題としてではなく、自分の両親や自分自身の身に置きかえて、少し深く考えてみてください。

自分の意思で、望んで無届施設に入所している高齢者はいません。自宅でも生活できず、特養ホームにも入れずに行き場がないからです。その中で、人間として最低限の権利さえ認められずに手足を縛られ、暴力や暴言を受ける生活が、24時間３６５日、死ぬまで続くことになります。

それが、日本の高齢社会の１つの現実なのです。

善意で無届施設が激増？

この無届施設というのは、制度外ホーム、未届け施設などと称されることもあります。これらは本来、有料老人ホームやサービス付き高齢者向け住宅として届け出や登録を行うべきなのですが、あれこれ理由をつけて無届、無登録で経営を続けている民間の高齢者住宅です。

現在、無届施設は、行政が把握しているだけでも全国１０００ヶ所近くあり、そこで暮らす高齢者は、いまや数万人〜十数万人とも言われています。

報道された2つの事業者は、内部通報者からの情報にマスコミが動いたり、他の刑事事件の捜査の過程でたまたま発覚したにすぎず、氷山の一角であることは間違いありません。

しかし一方で、「行き場のない貧困層の高齢者が増えており、その受け皿として必要」「虐待を行っている劣悪な事業者ばかりではない」と、一部専門家からは擁護する声も出ています。新聞やテレビを見ていても、行き場のない高齢者のため、人助けのためにやっている事業者も多いと勘違いさせるような報道も見え隠れします。

確かに、無届施設は、通常の有料老人ホームと比較すると入居費用は半額程度と、とても安く設定されています。また、すべての無届施設で、身体拘束や暴力暴言等の虐待が日常的に行われているわけではないでしょう。

ただ、高齢者住宅は責任の重い、リスクの高い事業ですから、ボランティアイズムだけであれば、短期間のうちにここまで増えるはずがありません。

その理由は簡単です。入居者の負担は少なくても、制度のひずみを突くことで、法律に基づいて適正に運営している介護付有料老人ホームなどとは比較にならないほどの、高い利益を上げることができるからです。

金儲けのカラクリ

そのカラクリは、介護保険や医療保険にあります。

無届施設は、そのほとんどが、同一法人、関連法人で、訪問介護などの介護サービス事業所を運営しています。

いくつかの無届施設のケアプラン（介護サービス計画書）を見ましたが、ほとんどすべての入居者が、関連法人で運営される併設の訪問介護や通所介護を、それぞれの介護保険利用の限度額（区分支給限度額）一杯まで利用させられています。

排泄や食事ができる高齢者にも訪問介護が算定され、逆に糖尿病や高血圧などで、訪問看護が適している高齢者であっても、外部のサービスは受けさせてもらえません。

更に、医療法人が運営に関与している無届施設では、内科、精神科、眼科、歯科など、検査や治療、投薬などの医療行為が繰り返し行われています。その介護保険、医療保険の収入だけで、毎月50万円以上、中には100万円を超えるものもあり、100人の入居者がいれば、それだけで毎月1億円近い収入が得られることになります。

無届施設で働いていたスタッフに聞くと、実際は書類上だけで、その介護や医療さえも適切に行われていないと言います。中には、「生活保護受給者は医療も介護もタダなので、誰も文句を言わない」「生保の重度要介護の身寄りなしが、いちばん儲かる」と平気で言い放つ経営者もいると言います。

無届施設は、家賃などで利益がでなくても、社会保障費の不正利用による、介護、医療などの関連ビジネスで大きな利益が生まれる仕組みとなっているのです。

無届にも優良な事業者がある？

高齢者住宅に入居するのは、身体機能や認知機能の低下した高齢者です。

特養ホーム等の施設が絶対的に不足しており、事業者から退居を求められると行く場所がないため、サービスに疑問や不満があっても苦情が言えないという家族は少なくありません。また、スタッフや入居者が限定され、閉鎖的な環境でサービス提供が行われることから、虐待やその隠蔽が起こりやすいとされています。身体機能の低下した高齢者が集まって生活しているのですから、火災や感染症、食中毒などへの対策も重要です。

そのために、一般の住宅とは違い、有料老人ホームやサービス付き高齢者向け住宅などの制度によって、建物設備や運営管理について事業者が最低限遵守すべき基準が設けられており、情報開示や行政による指導監査が法律で義務付けられているのです。

実際、「無届施設の中には、一部には優良なものもある」と話す人達に、「では、どこにあるのか教えてください」「見学させてください」と言えば、一様に口をつぐみます。

それはそうでしょう。

高齢者住宅のサービス内容や価格設定を見れば、その収益体制や利益率の概要がわかります。

篤志家が資産を投げ打たない限り、ほとんどのスタッフがボランティアでない限り、建築費や食費などのサービス原価を割りこむような低価格で、入居者の安全な生活を確保し、まともな運営ができるはずがありません。そのほとんどは介護保険や医療保険を不正に利用しない限り、事業として継続することは、不可能なのです。

何をしても許されるのか

「無届施設にも一部、優良なものが……」という意見の裏には、現実を直視していないというだけではなく、「行き場のない貧乏人は、無届施設でもいいじゃないか」「仕方ないじゃないか」という侮蔑的な意識を強く感じます。

行き場のない低所得者が対象なのだから、その生活の安全が守られなくても良い、感染症対策が不十分でも、消防法に違反していても問題ないということなのでしょうか。

高齢者や家族が負担する入居費用が安ければ、その陰で莫大な金額の社会保障費が不正に使われていても良いとでも言うのでしょうか。

無届施設に入りたくて、好んで選んで入居している高齢者や家族は１人もいません。この現実から目を逸らせ、「中には良いものもある」「１つのビジネスモデル」などと肯定するような専門家が、無届施設をはびこらせ、高齢者に劣悪な環境での悲惨な生活を強いているのです。

もちろん、特別養護老人ホームや介護付有料老人ホームなど制度に基づく老人ホームであれば、虐待はゼロだというわけではありません。また、サービス付き高齢者向け住宅の一部でも、介護保険や医療保険の不適切な運用は報告されています。

しかし、高齢者住宅事業の根幹となる法律を無視し、情報開示や外部からのチェックを拒んでいる無届施設においては、その可能性やリスクがどれほど高いかは言うまでもないでしょう。

「困っている低所得の高齢者のために」「行き場のない要介護高齢者のために」と、表面的には立派なことを言う無届施設の経営者も多いのですが、そうであれば、適切に届け出を行い、求められる情報を開示し、外部からのチェックを受ければよいことです。どれほど弁を弄しても、行き場のない高齢者を人質にして社会保障費を搾取する貧困ビジネスにほかなりません。

無届施設がなくならない理由

しかし、この問題は、劣悪な事業者を非難するだけでは、何も解決しません。

通常の企業やサービスの場合、マスコミにこのような現場を報道されようものなら、「ブラック企業」「虐待施設」として厳しいバッシングを受けることになるでしょう。利用者・入居者がいなくなり、あっという間に経営ができなくなります。

ところが、無届施設の場合、その劣悪な生活環境が大きくマスコミに報道されても当たり前のように継続し続けています。

それは、劣悪な環境の無届施設でさえ頼らざるを得ない高齢者や家族が絶えないからです。このような報道が出ても、いまそこに入っている人達は、出ていく先がないのです。

このままでは、その歪みは、ますます拡大することになります。

特養ホームの待機者は、現在でも全国で52万人と言われていますが、自宅で生活できない、行き場のない要介護高齢者は、今後10年の内に１００万人を超えることになるでしょう。

その受け皿として、無届施設は、行き場のない高齢者や家族を劣悪な環境に押しこめ、介護保険や医療保険を喰い物にしながら、ますます肥え太っていくのです。

課題は3つ

また、この問題は、「その経営の不正、サービスの劣悪さ」だけに目を奪われてしまうと、その本質や対策を見誤ります。この無届施設は、現在の高齢者施設や高齢者住宅の制度の矛盾によって生み出された負の産物だからです。

現在、高齢者の住まいにかかわる根本的な制度課題は3点あります。

１つ目は、有料老人ホーム、サービス付き高齢者向け住宅など、高齢者住宅施策の混乱。

２つ目は、高齢者住宅に適用される介護報酬の混乱。

３つ目は、介護保険と老人福祉の役割の混乱。

これら3つの混乱や矛盾が解決されない限り、無届施設は根絶できませんし、行き場のない高齢者の問題を含め、高齢者の住まいをめぐるさまざまな課題は解決されません。

責任逃れに終始する行政の重い責任

この無届施設が激増した背景には、有料老人ホームの制度を管轄する厚労省と、高齢者専用賃貸住宅やサービス付き高齢者向け住宅を推進してきた国交省が、不必要な2つの住宅制度を個別にごり押ししてきたことにあります。本来、高齢者住宅の増加に伴って、適切な指導ができる体制を構築しなければならなかったのですが、2つの省庁にまたがる制度の狭間で、入居者保護施策は壊滅的な状態となっています。

また、無届施設で、多くの要介護高齢者が劣悪な生活環境の下に置かれ、不適切な社会保障費が垂れ流しにされているのは、関係者はみんなわかっています。無届施設のトラブルが表面化すると、厚労大臣が、「自治体に届け出と監査の徹底を指示した」と必ずコメントしますが、実効性のある対策が採られたことは、これまで一度もありません。

同じように、「知っているのに、知らんふり」をしていた市町村は、マスコミ報道に慌て、初めて気が付いたように監査に入り、「とりあえず届け出を」「今後は、必要な調査、監査を行い、必要があれば改善命令を出す」と言っていますが、その事業者だけ、その場限りです。他に1000ヶ所もの無届施設があるにもかかわらず、「他でも同様のことが起こっているのではないか」「届け出を強化して、監査を徹底しなければ……」という当然の発想にはなりません。

それは、厚労省はじめ多くの自治体が、無届施設の存在やその劣悪な生活環境を知っていながら、行き場のない要介護高齢者を、厄介者を払うかのように無届施設に紹介し、押し付けてきたからです。そのため、どれだけ無法なことが行われていても、自治体は、無届施設の届け出指導や監査を強く行えないのです。

セーフティネットが機能しない高齢社会

もう1つ、この無届施設の問題を大きくしてきた原因が特別養護老人ホームのあり方です。「特養ホームが足りないから無届施設が増える」という意見は間違いではありませんが、現状分析としては不十分です。

この数年の間に、全国で特養ホームの定員数は10万床以上増えています。

しかし、そうして整備されてきた、現在全体の半数以上を占めるユニット型個室特養ホームは、富裕層は入りやすく、お金のない人は極端に入りにくいという老人福祉施設としては致命的な欠陥を抱えています。現在の制度のもとで、どれだけ特養ホームを作りつづけても、無届施設に頼らざるを得ないような貧困層の人たちは入所できません。

また、一部の社会福祉法人はその本来の役割を忘れ、介護ビジネス法人となっており、高額の補助金や非課税などの優遇施策によって、大きな利益をあげています。その余剰金は全国で2兆円に及ぶと言われおり、そこに市町村などの天下り役人や一部の地方議員が群がるという構図が出来上がっています。

劣悪な無届施設の増加は、特養ホームや社会福祉法人の一部が福祉利権と化し、セーフティネットとして機能していない証左でもあるのです

高齢者住宅に希望を

今後、自宅で生活できない高齢者は激増します。

社会インフラとしての優良な高齢者の住まいの確保、立て直しは不可欠です。

本来、高齢者住宅は、需要の増加だけでなく、公平公正に、かつ効率的効果的に、限られた財源や人材を活用していくためにも、非常に有効な手段です。様々な無駄や矛盾が解決されれば、不足している介護労働者にも、そのお金を回すことができます。

「高齢者住宅」「無届施設」「介護施設」など、テレビや新聞などで報道される一方的なイメージは、その多くが間違っており、議論も本質から外れています。

「高齢者の住まい」の現在の課題はなにか、今後、どうしていくべきなのか、そのあるべき方向性について、本書で一緒に考えてみましょう。

第一章　超高齢社会の現実と高齢者住宅の役割

　高齢化率の上昇は、ほとんどの先進国で現れている現象ですが、日本の高齢化には、他国と比べてそのスピードが非常に速いということ、そして、急速な経済発展の過程で、高齢者をとりまく生活環境が劇的に変化してきたという２つの特徴があります。

一般的な高齢者の定義は65歳以上ですが、介護、医療、住宅などの高齢者施策を検討するにあたって、特に重要となるのは75歳以上の後期高齢者です。

今後、団塊世代の高齢化によって、東京、大阪、神奈川、埼玉、愛知といった大都市部を中心に、５年毎に２００〜３００万人の後期高齢者が増えていきます。また、核家族化や少子化も相まって、その３分の２以上が独居、または夫婦のみの高齢世帯となることもわかっています。

その対策において必要となるのは、財源と人材です。

しかし、その見通しは明るくありません。現在でも、介護労働者不足は社会問題となっていますし、年金、医療、介護などの社会保障費は爆発的に増加します。更に、世界的な経済成長の鈍化、莫大な赤字国債、少子化による労働力人口の減少など、取り巻く環境もマイナス要因ばかりが目に付きます。

経済と社会保障は車の両輪です。「高齢者対策の充実が不可欠だ」といっても、その将来像は地方自治体ごとの、また日本全体の経済、財政状態に制約されます。財源や人材が限られている以上、それらを効率的に運用し、できるだけ公平にシェアしていくしかありません。

この章では、日本が直面する超高齢社会の課題と共に、高齢者住宅産業の健全な育成が、なぜ必要となるのかについて整理します。

強化すべき4つの高齢者対策

団塊の世代が後期高齢者になって直面する生活課題は、これまでの大正生まれ、昭和一ケタ世代の高齢者が暮らしていた時代とは大きく異なっています。

超高齢社会の中で強化しなければならない対策は、4つあります。


【要介護高齢者対策】

1つは、介護対策です。

介護保険がスタートした2000年の段階では、2010年の要支援・要介護高齢者数は、390万人、2025年には530万人程度と試算されていました。

しかし、すでに２０１１年の段階で５００万人を超え、２０２５年には７２０万人にのぼることがわかっています。

これら要介護と呼ばれる中でも、今後、特に大きな課題となるのが認知症高齢者の増加です。認知症になると失見当識といって、場所や時間、人との関係性などがわからなくなり、暴言や暴力、せん妄や異食、不潔行為、徘徊などの周辺症状が現れることもあります。

認知症高齢者に対する介護は、要介護の中でもより難しいものです。

一般的に高齢者に対する介護は、排泄介助、食事介助、入浴介助といった、日常生活の中で、本人のできないことをサポートするという「ポイント介助」をイメージされると思います。「お薬は飲まれましたか？」「排泄が終わったらコールしてください」といった意思疎通もできます。しかし、認知症高齢者は行動が予測できないため、それらに加えて、24時間３６５日、見守りや安否確認、声かけなどの継続的な介助が必要となります。身体機能が低下しているという認識も薄く、「ここで少し待っていて下さい」といった指示や依頼もすぐに忘れてしまいますから、転倒や転落などの事故のリスクも高くなります。特に、暴言や暴力、徘徊など周辺症状のある認知症高齢者の介護は、肉体的にも、精神的にもキツイものです。

認知症は、高齢になればなるほど発症率が高く、85～89歳になると41・４％、90歳～94歳では、61％となります。２０１３年に厚労省が発表した「認知症有病率等調査」によると、認知症の有病者数は４６２万人（平成24年）と推計、２０２５年には７００万人になると予想されています。

【老人福祉対策】

2つ目は、老人福祉対策です。

テレビや新聞などでも、介護と福祉という言葉が混同して使われていますが、これは基本的に違うものです。

介護とは要介護高齢者に対する「介護サービス」のことであり、これに対応する施策が介護保険です。これに対して老人福祉は、すべての高齢者を取り巻くさまざまな福祉的な課題に対応するもので、通常は、介護と切り離して考えなければなりません。

しかしながら、こう単純に割り切れない事態も出てきています。

近年激増している家族による高齢者虐待や介護拒否（ネグレクト）の問題がそうです。「介護が必要な老親に暴力や暴言」と聞くと、「ひどい家族だ」と思うかもしれませんが、その多くは、長期にわたる介護疲れや経済的な貧困など、複合的な家族の課題が潜んでいます。

また、介護サービスは双方の契約が基本です。生活上、何らかの支援や介護が必要であるにもかかわらず、本人や家族が自宅へ入ることを拒否するケースや、ごみ屋敷の問題なども、その裏には認知症が隠れている事例も多いと言われています。

今後、都市部での独居高齢者、高齢者夫婦世帯の増加に伴って、介護サービスだけでは対応できない、地域の中で孤立する「要福祉」の高齢者、家族が激増することは間違いありません。

【低所得者対策】

低所得者対策も大きな課題です。

2011年3月末、生活保護受給者が200万人を突破し、2015年3月の段階では217万人となっています。この生活保護の受給者数の増加は、景気の変動にも左右されますが、高齢化の問題とも切り離すことはできません。

生活保護は経済的に支援する同居親族がいないことが受給の前提ですから、受給者全体の75％は1人世帯ですし、また受給世帯の約半数は高齢者世帯です。更に今後、独居高齢者が増加すること、国民年金等の老齢年金の未納率が高いことなどを考え合わせると、高齢者の生活保護受給世帯が急激に増えると危惧されています。

拡大する高齢者の経済格差

高齢者の低所得者対策の課題は、生活保護の増加だけではありません。

「預貯金の大半は高齢者が持っている」「高齢者はお金持ち」と言われていますが、資産階層は二極化しており、一部の富裕層が平均の貯蓄額を上げていることは知られています。

そもそも、勤労世帯と高齢者世帯の貯蓄額を単純に比較するのは間違っています。後期高齢者になると、働いて収入を得ることが難しくなるため、老齢年金とこれまでの貯蓄を取り崩して生活することになります。働いているときにお金を貯めて、年をとってからそれを使うというのが、

現在の 80歳以上の高齢者	10年後　80歳になる高齢者
◇バブル崩壊前に退職	◆定年退職前にリストラ・早期退職
◇満額の退職金	◆景気悪化で退職金カット
◇退職後 60歳から年金受給	◆年金支給年齢の繰り下げ
⇒悠々自適な高齢者生活	**⇒高齢期に入る前に生活が崩壊**

表　80 歳高齢者の生活環境の変化

一生涯の貯蓄と消費の流れです。

それでも、平たく見ると現在の80歳以上の高齢者は、まだ恵まれていると言っても良いでしょう。彼らが60歳前後で定年退職したのはバブルが崩壊した平成5年より前です。高度経済成長に支えられて、定期昇給、終身雇用で定年まで働き、退職金をもらい、60歳からスタートする年金に支えられて悠々自適の生活を満喫するということが可能でした。

しかし、団塊世代は、バブル崩壊後の長期の景気低迷によるリストラで、高齢期に入る前に生活設計の変更を余儀なくされています。ほとんど貯蓄がないまま高齢期に突入している世帯も少なくありません。老齢年金だけで生活するのは難しく、さらにその受給年齢も段階的に引き上げられていきます。ギリギリの年金生活の中で、病気や要介護状態になれば、途端に生活が行き詰ることになるのです。

【住宅対策】

もう1つの課題は、住宅対策です。

高齢者の持ち家率は、80％以上と他の年齢層と比較しても高いのが特徴です。

しかし、住み慣れた自宅であっても、高齢者にとっては、必ずしも安全、安心だというわけではありません。

古い日本家屋は木構造を基本としており、敷居などの小さな段差による高齢者の転倒事故、階段からの転落、入浴中の溺水などの事故が多発しています。高齢者の交通事故死の増加が社会問題となっていますが、自宅内での事故死亡者数はそれを上回っています。

また、自家用車に乗れなくなると、買い物に行くことも難しくなります。郊外型の大規模スーパーの増加によって、地域商店街の衰退や店舗の廃業が進んでおり、「買い物難民」は人口が減少する山間部や過疎地だけの問題ではありません。その他、振込詐欺、悪質訪問販売の被害者の大半は高齢者であることも知られています。

持ち家でない高齢者にとって状況はさらに厳しいものとなっています。一般の賃貸マンションやアパートでは、認知症によるトラブルや孤独死の発生を心配し、部屋が空いていても独居高齢者や高齢者夫婦は断るというところは少なくありません。

これら介護対策、福祉対策、低所得者対策、住宅対策は密接に関係しています。

特に、後期高齢者が急増する都市部では、職住が分離する中で、近隣との関わりが薄く、地域コミュニティが発達していません。人口密度が高くても、隣近所とは挨拶程度の関係でしかないという人も多く、それぞれの家族・高齢者は孤立しています。

そのため、支援の手が届かず要介護高齢者同士で介護するという「老老介護」、おなじように認知症高齢者同士で介護するという「認認介護」、さらには介護疲れによる殺人、心中、自殺、孤独死などの悲しい事件が数多く報道されています。

ただ、私たちは、まだその入り口に立っているにすぎません。特に都市部において行き場のない要介護高齢者が激増し、これらの問題が爆発的に増えるのは、まさにこれからなのです。

超高齢社会の入り口で末期的な財政状況

団塊世代の後期高齢化、要介護化に向けて対策は急務なのですが、それを妨げる２つの制約があります。

１つは、財政問題です。

財務省の資料によれば、２０１３年の社会保障給付費は１０７兆４９５０億円、対国民所得比は31%となり、どちらも過去最高を更新しています。そのうち、高齢者関係給付費は72兆１９４０億円と全体の約３分の２を超えています。

厚労省の推計によれば、２０２５年には社会保障給付費は１４８・９兆円に達し、一般歳出から支出される社会保障関係費は42～43兆円となります。２０１５年の税収見込みが、55兆円程度ですから、消費税が10%になろうと、介護報酬を全体で数%下げようと、そもそも荒唐無稽な数字だということがわかるでしょう。もうそれは、たった10年後の話です。

直面している財政課題は、それだけではありません。

現在でも、日本の社会保障制度は、莫大な赤字国債で賄われています。

その結果、短期借入金を含めた国の借金は２０１４年度末で１０３０兆円、また、約１８００ある地方自治体分を含めると１２００兆円を超えます。巨額な社会保障関係費が必要となる超高齢社会の入り口で、日本の財政状況はすでに末期的な状態にあるのです。

ベテラン介護士でも、押せる車椅子は１つ

高齢者対策の推進を阻む、もう１つの制約は人材です。

介護サービス事業は、典型的な労働集約型の事業です。車のトップセールスマンは１人でいくつもの商談をまとめていますが、ベテラン介護職員は１人で何台もの車椅子を押せるというわけではありません。また、それが介護の能力を測る指標でもありません。

機械化が難しい事業でもあります。介護ロボットに期待が集まっていますが、要介護状態や認知症の有無、体調変化などによって、日々適した介助方法は変わりますから、介護は、いわゆる機械的に、型どおりにできるものではありません。介護労働者の肉体的負担を軽減するものや、危険を感知するセンサーが中心であり、人間の代わりに介護をしてくれるロボットは、まだ遠い未来の話です。

要介護高齢者数、介護サービス量の増加に比例した、介護スタッフ数が必ず必要になります。

しかし、今でも、都市部を中心に、介護労働者不足は顕著になっており、更に、少子化によって、労働力人口は減っていきます。厚労省は、2025年には237万～249万人の介護労働者が必要になるものの、その1割を超える30万人が不足すると試算しています。それは特に東京、大阪など大都市部において顕著なものとなります。

離島などのへき地医療の課題に対して「保険あって医療なし」と言われることがありますが、高齢者介護の分野では、都市部で「保険あって介護なし」という状態になる可能性が高いのです。

日本の借金体質の限界

この2つの制約、財政と人材の課題は、つながっています。

介護職員を増やすためには、労働条件の改善につながる介護報酬のアップが必要です。「介護報酬を上げろ」と拳を振り上げるのは簡単ですが、それはさらなる介護保険財政の悪化、保険料値上げにつながります。

景気対策を大義名分に、大量の赤字国債発行を前提とした予算組立がくり返された結果、日本の財政は、すでに莫大な借金にどっぷりと浸かった危機的な状況にあります。「国債を国内で調達できている間は大丈夫」という人がいますが、今すぐには問題なくても、10年先20年先も大丈夫だと断言できるわけではありません。

また、高齢者が増えるということは、貯蓄を取り崩して生活する人が増えるということですか

【経済問題】	長期デフレから脱却できない日本経済をどのように立て直すか。
【財政問題】	国・地方自治体の財政をどのように立て直すか。
【社会保障】	長期安定的な社会保障制度をどのように構築していくか。

表　直面する経済・財政・社会保障の課題

ら、その国債購入の原資となっている国民全体の貯蓄額は急速に低下することになります。国債が国内で調達できなくなれば、国債の信用低下、金利の上昇を招くことになり、日本の財政は、さらに危険なボーダーラインを歩いていくことになります。

高齢者対策の重要性は、議論するまでもありませんが、財政問題が大きな制約としてかかってくるということを理解しなければなりません。社会保障費の支出抑制と高齢社会を支える人材の育成という2つの相反する課題・制約に対して、どのようにバランスを取っていくのか、難しい舵取りを迫られているのです。

強い社会保障とは何か

以前、選挙にあたってある政党が掲げていた、「強い経済、強い財政、強い社会保障」というキャッチフレーズは、現在、日本が直面している課題をうまく表しています。

このキャッチフレーズの中で、「強い経済、強い財政」は、経済成長率などの経済指標の改善、プライマリーバランスの黒字化など、数字としてイメージしやすいのですが、「強い社会保障」とは何かと聞かれれば、その答えは簡単ではありません。

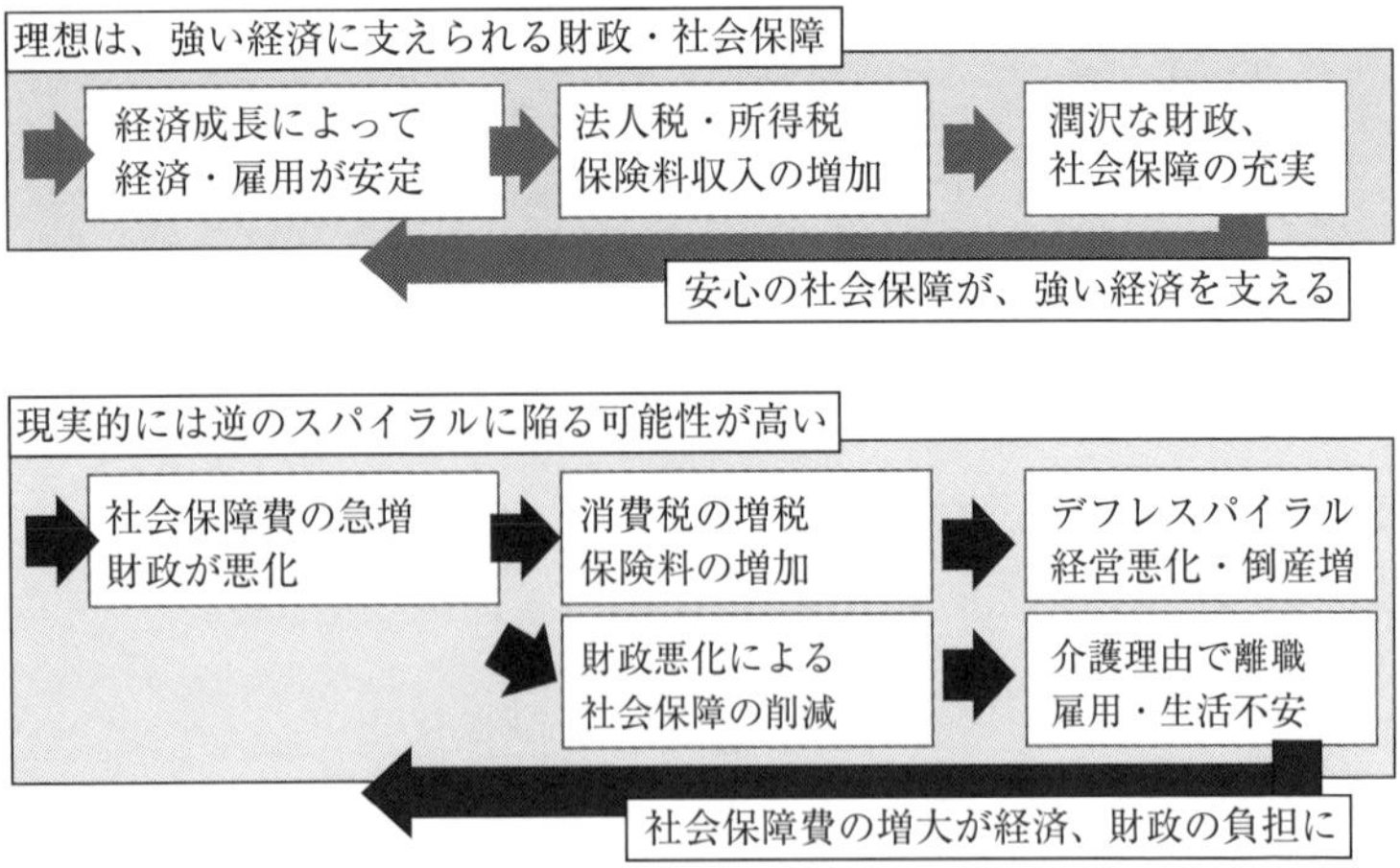

図　経済・財政・社会保障の相関関係

一部には、「経済成長を目標にする時代は終わった」「経済ではなく幸福感が大切だ」という人がいますが、経済と社会保障は車の両輪であり、経済成長なしに社会保障の拡充はありません。

日本の社会構造を考えると、最低、毎年２％程度の経済成長がなければ、年金などの社会保障制度が根本から崩れてしまうと言われています。経済成長しない社会というのは、現実的には社会的弱者が切り捨てられる社会です。

また「社会保障が経済を牽引する」という人もいますが、「強い社会保障＝手厚い社会保障」となれば、社会保障費は現在、想定されている以上の勢いで増加します。それはさらなる財政悪化を招き、増税・保険料値上げによって、経済はさらに疲弊するという負のスパイラルに陥ることになります。

社会保障費の増加が経済を活性化させ、財政を改善させるなどということはありませんし、経済・財政が好転しないままで、社会保障費だけが比例して右肩上がりで増えるということも１００％ないのです。

社会保障の議論の難しさは、その答えが単純に数字で表せるものではないということです。「国民の視点に立った社会保障制度改革」と言っても、国民はそれぞれ「負担者」であり、同時に「受益者」でもあります。現在、その２本のどちらの足に軸を置いているのかや、年齢や資産階層、生活環境よってその答えは変わってきます。今の子供たち、これから生まれてくる子供たちに意見を聞くことができれば、「大人はあまりにも無責任だ、僕たちに借金を押し付けるな」とうんざりしているでしょう。

ただ、確実に言えることは、「負担者」「受益者」という２本脚のバランスが崩れてしまうと、制度そのものが崩壊してしまうということ、そしてその時期が目前に迫っているということです。それを避けるには、これまで「あれも、これも」と膨張しつづけてきた社会保障制度全体をスリム化し、限られた財源の中で、優先的にすべきことを見直さなければなりません。

その指針は３つあると考えています。

１つは、公平、公正な制度であるということです。

一生懸命に働いても、国民年金や国民健康保険料が払えない、医療を受けられないという自営業者がいる一方で、生活保護受給者に必要のない受診をさせ、睡眠薬などの薬剤を横流しする貧困ビジネスが拡大しています。後述しますが、この貧困ビジネスや介護保険、医療保険の不正利

【公平公正】… 必要とする人に、必要な金額・必要なサービスを提供

【効率効果】… 限られた財源を効率的・効果的に運用するシステム

【経済活性】… 社会保障を起爆剤に、周辺産業を活性化

表　「強い社会保障」３つの指針

用は、高齢者住宅でも大きな課題となっています。

それは一部の事業者、一部の人達だけだということも事実ですが、負担者から見れば、不愉快で目につきやすいものです。今後、更に負担が上がることは確実ですから、不正を排除できなければ、支える世代の不公平感は爆発し、「あの人は甘えている」「これも無駄だ」という世論に一気に傾くことになるでしょう。そうなると声の小さな、社会保障が本当に必要な社会的弱者に、最低限のサポートさえ届かなくなります。

また、社会保障を受けることが恥ずかしいと考えるような社会は成熟した社会だとは言えませんが、「受けなければ損だ」「どうすれば上手く利用できるか」と多くの人が考えるような社会も正常だとは言えません。

セーフティネットとは何か、国や社会が保障すべき最低限の生活とは何を指すのかを明確にし、「福祉利権」「貧困ビジネス」といった得体の知れないものは一掃しなければなりません。

２つ目は、限られた財政・人材を効率的、効果的に運用するということです。

公共事業や防衛費というと、それだけで眉をひそめる人達も、社会保障費といえば、その内容や効果を精査しないまま、「あれも必要」「これも大切」と当たり前のように高額の予算が執行されてきました。

しかし、介護や医療を含め、現在の高齢者施策、福祉施策にも、制度のひずみに潜む非効率な財政運用はたくさんあります。超高齢社会を支えるための人やお金は、絶対的に不足しているのですから、限られた財源・人材を効果的・効率的に運用するという視点は不可欠です。

そしてもうひとつ、これからの超高齢社会において不可欠になるのは、社会保障費を起爆剤として、その周辺産業を活性化させていくという視点です。

述べたように、「社会保険施策、社会福祉施策」は、その多くが金銭給付・人的サービスへの給付であり、その原資は公費や保険料ですから、給付そのものが経済を拡大させ、財政を好転させるわけではありません。

しかし、医療保険・介護保険などの社会保険サービスを核として、民間サービス、自費のサービスと組み合わせることによって、その何倍もの経済効果を持たせることは可能です。

未踏の領域だからこそ秘めた可能性

世界のどの国も経験したことのないスピードで、未曾有の超高齢社会に最初に突入した日本ですが、同様にほとんどの先進国で高齢化は進んでいます。お隣の韓国や1人っ子政策を採っていた中国も、高齢化は大きな社会問題です。

現在、介護食、自立支援機器、先進医療機器、介護ロボットなど、さまざまな分野で研究・開発が進められていますが、これらは日本の高い技術、細やかな創意工夫が活かせる得意分野です。

また、日本の「ホスピタリティ」「おもてなし」を基礎とした、高齢者介護の専門性やその技術、知識も、世界的に評価されるものです。

高齢化は経済にとってはマイナス要因が大きいのですが、高齢者の生活を支援できるような技術を率先して開発できれば、世界に通じる大きな産業となる可能性を秘めているのです。

強い社会保障実現のために高齢者住宅は不可欠

これらの現状分析を踏まえ、強い社会保障を実現するために不可欠になるのが、長期安定的な制度設計に基づく、優良な高齢者住宅事業の育成です。

その理由は3つあります。

1つは、効率的・効果的なサービス提供が可能となる集合住宅の特性です。

排泄介助を例に挙げると、実際の介助時間は10分~15分程度です。訪問介護サービスの場合、離れた各家を回るのですから移動に時間がかかります。順序良く回れることは少なく、待期時間も発生します。1人のホームヘルパーが1日8時間働くとしても、1日あたり8人~10人を訪問するのが限界です。

これに対し、高齢者住宅で暮らす要介護高齢者が増えると、移動などの時間がないため、効率的に介護サービスを提供することが可能です。排泄介助だけを行うわけではありませんが、1人の介護スタッフが要介護高齢者に直接介助できる時間、サービス量は、少なくとも2倍、3倍に

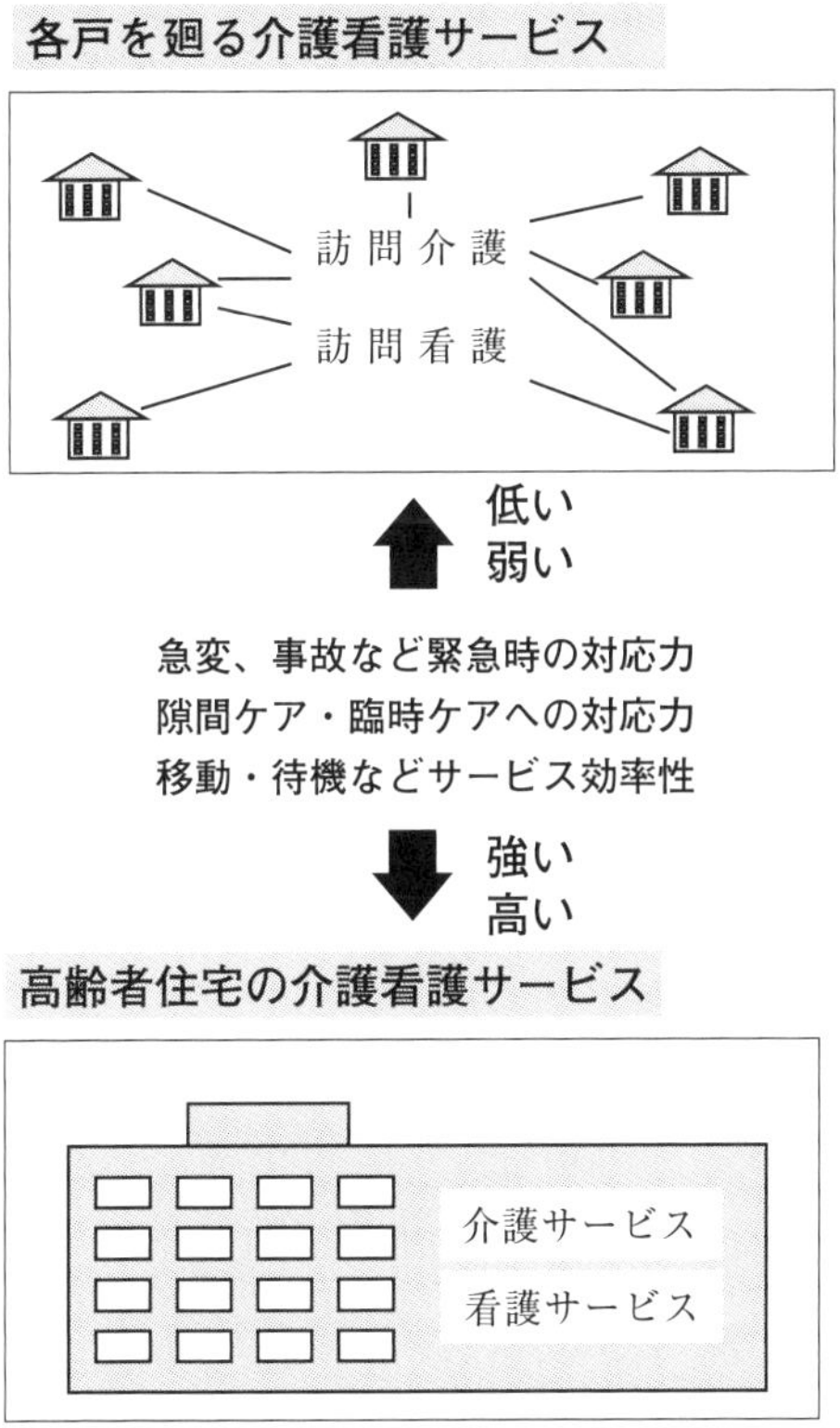

図　介護看護の対応力・効率性の違い

広がります。

　また、個々のケアプランに基づく排泄介助の間に、全体の洗濯・掃除などの生活介助や、きめ細かな見守りや声かけなどのケアが可能となります。更に、介護スタッフが常駐していれば、転倒や窒息などの事故や、心筋梗塞など容態の急変への緊急対応力も強化されますし、「便がでたのでオムツをかえてほしい」「汗をかいたので着替えたい」「背中が痛いので起こしてほしい」「テレビを点けてほしい」といった日々の体調変化による臨時のケア、隙間のケアにも、臨機応変に対応することができます。

食事介助でも同様のことが言えます。

食事介助と言っても「全介助」「一部介助」「見守り介助」など状態はさまざまですから、1人の介護スタッフが全介助の入居者を付き切りで介助しながら、一部介助の高齢者に食事を促し補助しながら、他の入居者に誤嚥《ごえん》はないか、噎《む》せていないか等、見守ることができます。

自宅で1人暮らしをしていると、食事介助が必要とされる要介護高齢者でも、老人ホームで介護スタッフがとなりで見守り、促しながらであれば、独力で食べることができる状態の人はたくさんいます。

また、高齢者は咀嚼《そしゃく》機能、嚥下《えんげ》機能の低下だけでなく、糖尿病、高血圧など生活習慣病などの疾患がある人も多く、料理にさまざまな工夫が必要になりますが、これをホームヘルパーが自宅に出向いてひとりひとりに合わせて作るのと、管理栄養士の下で専門の数名の調理員が一斉に作るのとでは、効率性という面だけでなく、栄養管理という側面からも大きな違いがあります。

このように1人の介護労働者が、より多くの介助を行うことができると言うことは、同じ量の介護サービスを提供しても、必要な介護労働者数を抑えられるということです。介護サービスのコストは人件費が中心であり、介護報酬も人件費が基礎となって設定されていますから、効率的、効果的な介護保険財政の運用につながります。

それは、単純に介護報酬を低く抑えるということではなく、給与など介護職員の労働条件を上げることもできますし、「介護のしやすさ」を高めることによって、スタッフが働きやすい労働

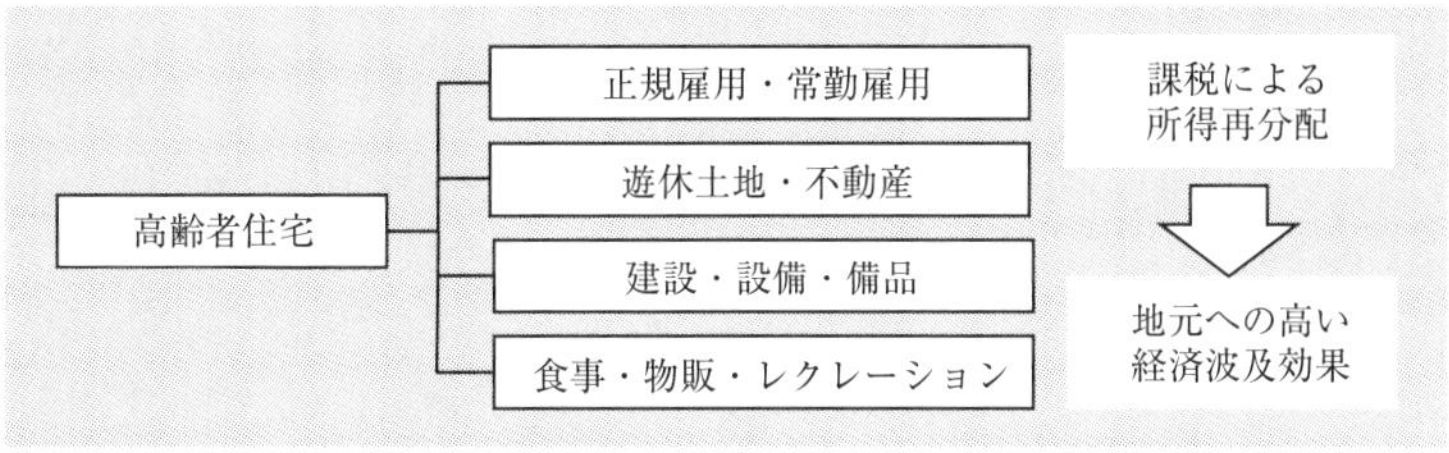

【雇用対策】… 正規職員を中心とした、長期安定的な地域雇用
【土地活用】… 地域の遊休土地・不動産の有効利用の促進
【地域活性】… 地元の建設・設備・設計業者の活性化
【産業活性】… 食事、福祉用具、レクリエーションなどへの経済波及
【税収強化】… 法人税、固定資産税、所得税など、所得再分配効果

図　高齢者住宅の経済波及効果

環境をつくることにもつながっていきます。

生活まるごと見れば強い経済効果が

2点目は、経済波及効果です。

「強い社会保障」を実現するためには、社会保障を核として周辺産業を活性化させることが重要だと述べましたが、高齢者ビジネス、介護ビジネスの中で、それを最も具現化することのできるのが高齢者住宅事業です。

高齢者住宅は、高齢者の生活を丸ごと支える複合サービスですから、介護サービスだけでなく、土地・建設・設備・食事・レクリエーションなどさまざまな関連事業へ波及します。それは介護食や介護ロボット、自立支援機器などの開発・発展にもつながっていきます。

地域経済への波及効果という面でも優れています。

現在、さまざまな産業が東京を中心とした都心部に集中し、地域経済の空洞化が社会問題となっていますが、高齢者住宅事業は都心部に集中する事業ではなく、地域密着型の不動産事業です。

遊休不動産の有効利用につながり、その経済効果は地場建築業者にも波及していきます。都心部は土地が高騰していますし、要介護高齢者の生活に通勤は関係ありませんから、どちらかと言えば地方に拡散していくタイプの稀有な事業だと言えます。

また、訪問サービスのようにパートスタッフ、非常勤スタッフではなく、正規職員・常勤職員の介護・看護スタッフが中心となります。産業の少ない地域の安定的な雇用を増やすことができ、その影響は、単年度だけでなく20年、30年と継続していきます。

介護退職が減る

間接的な経済効果も小さくありません。

現在でも、同居、別居に関わらず両親の介護問題に直面している人は多く、両親の介護のために妻がパートの仕事をやめた、介護のために故郷に戻ることにしたという話を耳にすることがあるでしょう。中には、両親の介護問題が原因で離婚した、介護虐待、介護殺人、介護心中という最悪のケースも増えています。

両親の介護のために故郷に戻り、新しい生活が順調に進めばよいですが、子供の年齢も50歳代～60歳代前半が中心ですから、現在の社会情勢を考えると、その年齢で転職しても、それまでと同じような収入を得ることは難しいでしょう。また両親の介護をしながら働くとなると、訪問介護や通所介護などの介護サービスを使っても、フルタイムの正規職員で働くことは厳しいのが現実です。実際、親の年金とそれまでの貯金で生活し、親の死亡と同時に、生活保護に頼らざるを得ないというケースも増えています。

優良な高齢者住宅が増えれば、介護目的で退職する人は減るでしょうし、介護問題での家族別居、崩壊という悲惨な選択を回避することもできます。労働力人口は減少していくのですから、優秀な労働力・人材を適材適所で活かすということは、日本経済全体からみても、重要な視点です。

特養ホームをつくり続けることは１００％不可能

３つ目のポイントは、特養ホームからの脱却です。

現在、「特養ホームが足りない」「52万人もの待機者がいる」と言われています。

しかし、在宅で生活する要介護高齢者と比較すると、特養ホームの入所者には、年間１人当たり１８０万円もの社会保障費が多く必要になると厚労省は発表しています。

財政が逼迫し、人材が限られる中で、需要に合わせて特養ホームをつくり続けることは１００％不可能です。今後、待機者が80万人、１００万人と増える中で、運よく入所できた人は幸運ですが、そのしわ寄せは大多数の在宅高齢者に及ぶことになり、社会保障財政の効率運用、公平性という側面から見ても、様々な問題をはらんでいます。

特養ホームは、地域の老人福祉・高齢者介護の向上に寄与すると考える人は多いのですが、公平性を無視して、待機者数に引っ張られた無計画な整備は、その地方の社会保障財政を悪化させていくことになります。この問題は、第三章、第四章で詳しく述べますが、特養ホームからの早急な脱却、高齢者住宅への移行は喫緊の課題です。

以上、高齢者住宅の整備が、超高齢社会に不可欠だという理由を主に、財政や人材の視点から3点上げました。

高齢者住宅の増加は、社会保障財政悪化の一因だという人がいますが、それは根本的に制度設計が間違っているからです。安定した優良な高齢者住宅は、超高齢化社会において求められる「介護対策、福祉対策、低所得者対策、住宅対策」を効率的・効果的に推進できる事業だというだけでなく、「経済の活性化、社会保障費の削減」を一体的に行うことのできる、強い社会保障を実現するための大きな武器となる産業なのです。

第二章　混乱する高齢者住宅制度、激増する無届施設

高齢者住宅や介護サービス事業の特徴は、民間の営利目的の事業でありながら、老人福祉法や高齢者住まい法、介護保険法などの法律や制度が、その商品設計、経営、収支に大きく関わってくるということです。

制度という土地の上に、柱を立てビジネスモデルを組み立てていくというイメージでしょうか。その基礎、土台となる介護保険制度、高齢者住宅関連制度が安定しない限り、高齢者住宅の産業としての安定、健全な成長はありません。

しかし、これまで国は、高齢者住宅の事業特性や政策課題をまったく検討せずに、「数を増やせば良い」「補助金を出せばよい」という、他の公共事業と同様の場当たり的な、バラマキの箱物施策を推進してきました。

また、現在の高齢者住宅施策は、有料老人ホームを所管する厚労省と、高齢者専用賃貸住宅、サービス付き高齢者向け住宅を所管する国交省の2つの省庁にまたがっており、整合性のないま

ま、それぞれバラバラに行ってきたため、制度間の矛盾が拡大しています。

その結果、経済効果、財政健全化を牽引する優良な高齢者住宅をつくることができないばかりか、その一部は貧困ビジネス、不良債権となって、更に社会保障財政の足をさらに引っ張っています。

この章では、社会問題としてクローズアップされている無届施設が生まれてきた背景を中心に、現在の高齢者住宅制度の課題について解説します。

高齢者関連施設と高齢者住宅を整理する

一般の方から寄せられる高齢者住宅に関する質問・相談で、最も多いのが「老人ホームや高齢者住宅は、たくさんの種類があってその違いがよくわからない」というものです。

テレビや新聞などのマスコミでも「介護施設」という言葉を使っていますが、その中に何が含まれているのか、番組によっても、識者によっても意見はバラバラです。

高齢者住宅制度の課題の前に、まず一般的に高齢者施設、高齢者住宅と呼ばれるものにどんな種類があるのか、それぞれの役割からその違いについて簡単に整理しておきます。

高齢者施設と高齢者住宅の違い

まず「施設」は、老人福祉法や介護保険法の中でその役割や目的、対象者を限定し、ほぼ全国

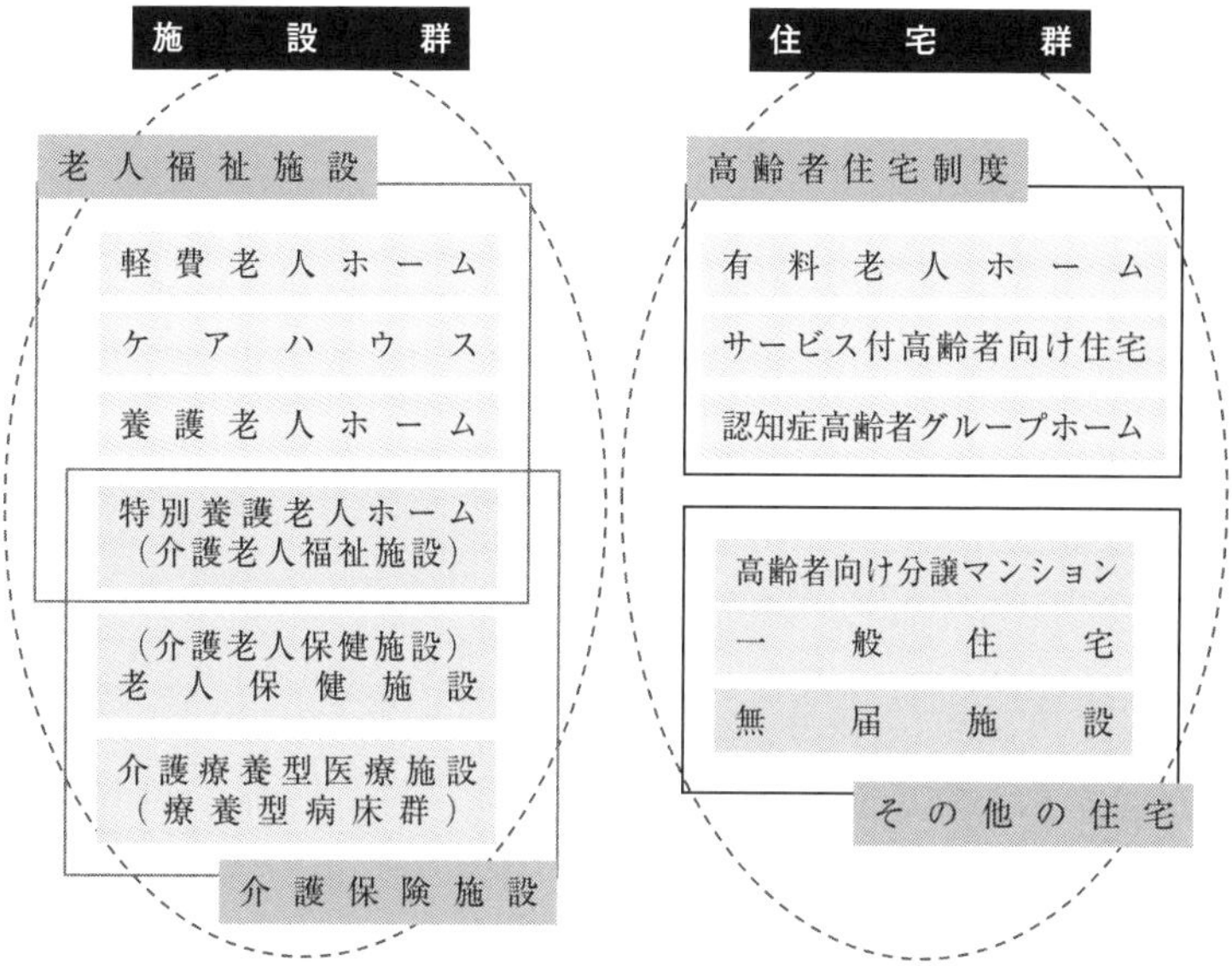

図　高齢者施設と高齢者住宅の分類

一律の利用料金で、ほぼ同一のサービスが提供されているものを指します。

高齢者施設、介護施設と呼ばれるものは、老人福祉法で規定される老人福祉施設と、介護保険法で規定された介護保険施設の2つです。設置数や定員数も各自治体で定められるため、その開設にあたっては、都道府県知事による認可や指定が必要です。

また運営方法についても、法律や規則で細かく定められており、法律で定められた対象以外の高齢者を入所させることはできません。

これに対して、高齢者住宅は、文字通り高齢者の住居、住まいです。施設とは違い、運営する事業者が対象者、サービス内容、価格を自由に設定することができます。

民間のマンションやアパートと同じですから基本的に自由に開設できますが、高齢者の生活に適した住環境が確保されるよう一定の基準が定められており、事前の届け出や登録が必要なものがあります。

施設群の分類

老人福祉施設は、児童福祉施設、障害者福祉施設と同じように、社会的弱者に対する社会福祉施設として設置、運営されているもので、家族環境や経済的な理由から自宅での生活が困難な高齢者を対象とした非営利の事業です。その開設・運営は、市町村や特別に認可された社会福祉法人に限定されており、建設や運営の一部には補助金（税金）が使われています。

要介護高齢者を対象とした特養ホームだけでなく、介護の必要度等に応じて、養護老人ホーム、ケアハウス、軽費老人ホームなどがあります。

介護保険施設は、介護保険法に基づいて都道府県知事の指定を受けた要介護高齢者を対象とした施設です。常時の医療ケアを必要とする要介護高齢者が対象の「介護療養型医療施設」のほか、病院からの退院後、リハビリなどを行い、在宅復帰を支援する「介護老人保健施設」があります。特別養護老人ホームは老人福祉施設ですが、同時に介護保険施設の１つ、介護老人福祉施設としても指定されています。

これら老人福祉施設、介護保険施設は、本来、高齢者の住居ではありません。病院と同じように、要介護状態が改善するなどその対象から外れた場合、退所することが前提です。

ただし、高齢者であることから、身体状況・家庭環境・経済状態が大きく変化、改善し、1人で生活できるようになることは稀です。そのため、老人福祉施設については、入所期間は定められておらず、長期入所が一般化しています。

住宅の制度分類

高齢者住宅と呼ばれるものも、大きく2つに分かれます。

1つは、法律で定められた制度に基づく高齢者住宅です。

高齢者住宅は個人の住居、住宅であり、その運営は一般のマンションやアパートと同じように、不動産事業として営利目的で行われています。

ただ、その対象が身体機能や判断力、認知機能の低下した高齢者、要介護高齢者であることから、バリアフリーなどその生活に適した住環境が整備され、劣悪なサービスが行われることがないよう、その開設、運営には一定の基準が設けられています。

高齢者住宅の制度としては、厚労省の管轄する有料老人ホームと、国交省が管轄するサービス付き高齢者向け住宅（サ高住）の2つがあります。住宅内で食事や相談、介護などの生活支援サービスが提供されている場合、どちらかの制度に基づいて、届け出や登録が必要です。

以前は、高齢者の入居を断らない高齢者円滑入居賃貸住宅（高円賃）、高齢者のみを対象とする高齢者専用賃貸住宅（高専賃）という制度があったのですが、これらはサービス付き高齢者向け住宅として統合されています。また、よく耳にする介護付、住宅型というのは、有料老人ホームの中での類型で、介護サービスの提供責任や提供方法の違いを表すものです。

その他、認知症高齢者を対象としたグループホームは、対象者が認知症高齢者に限定されていることから、施設的な要素も強いのですが、家賃などの価格設定はグループホームの事業者に委ねられていますから、高齢者住宅に近いものだと考えて良いでしょう。

制度外の住宅

もう1つが制度に基づかない高齢者住宅です。

その1つは、分譲マンションです。

高齢者向け、シニア向けを謳った分譲マンションが増えていますが、これは制度として基準が定められたものではありません。それぞれの事業者（デベロッパー）が、高齢者が生活しやすいように、バリアフリー性能を強化したり、生活相談窓口を設置したりと、それぞれに工夫しているものです。カテゴリーとしては一般の分譲マンションであり、高齢者以外も入居できます。

2つ目は一般の住宅に分類されるものです。高齢者住宅、高齢者専用の住居を謳っていても、食事や生活相談などのサービスが行われていない場合、登録も届け出も必要なく、有料老人ホームでもサ高住でもありません。一般の賃貸住宅の扱いになります。

そして3つ目が無届施設です。

述べたように、現在の制度では、所有権を購入する分譲タイプのものを除き、高齢者を対象とした住宅事業を行い、そこで食事サービスや生活支援サービス（相談や介護など）を行う場合、有料老人ホームとして届け出るか、サ高住として登録することが義務付けられています。

しかし、届け出や登録すると、その一定の基準に従わなければならないことや、行政の指導や監査が行われることから、これを逃れるために、「高齢者だけが対象ではない」などと、あれこれと理由をつけて登録も届け出もしていない高齢者住宅が数多くあります。類似施設、未届施設などと呼ばれることもありますが、カテゴリーとしては施設ではなく法律違反の高齢者住宅です。

これらは事業者がつけている個別の名称とは関係ありません。ケアホーム、高齢者ホーム、グループハウスなど、それらしい、紛らわしい名前が付いていても、有料老人ホームやサービス付き高齢者向け住宅と明記していないところは、無届施設だと考えて間違いありません。

把握不能な無届施設

高齢者施設と高齢者住宅についてごく簡単に説明しましたが、わかりにくいという印象はぬぐえないでしょう。

それは、制度の基礎が混乱しているからです。

高齢者住宅に関して言えば、有料老人ホームとサービス付き高齢者向け住宅の制度の違い、基準の違いは説明できますが、なぜ２つの制度や基準が必要になるのかは説明できません。２つに分ける意味もメリットも、何ひとつありません。前者は厚労省、後者は国交省によってつくられたというだけです。

問題は、この制度間のひずみが、違法な無届施設を生み出す温床になってきたということです。この無届施設を有名にしたのが、２００９年に、10人の高齢者が亡くなった「静養ホーム　たまゆら」の火災死亡事故です。消防法や建築基準法にも違反した、無理な増床を重ねた違法建築だったことがわかっています。

違法施設、脱法施設であることを知りながら、東京の区役所や福祉事務所が、行き場のない高齢者を、群馬県にあったこの無届施設に紹介していたことも大きな問題となりました。

社会的な批判が集まったため、厚労省が一斉緊急調査をした結果、全国で５７９ヶ所の無届施設が見つかりました。各都道府県で届け出指導の強化を行ったために、その半年後には３８９施設に減少したとニュースは伝えています。

しかし、いまどうなっているかと言えば、再び無届施設は激増し、２０１４年10月時点で、確認されているだけで、全国で９１１施設となっています。それも行政が把握しているだけの数字です。東京都内を例に挙げると、行政が確認しているのは25ヶ所ですが、ＮＨＫが調べたところによると、実際は、86ヶ所以上あるということがわかっています。行政の担当課ではなく、マスコミが番組制作のために、少し調べただけで３・６倍もの数になるのです。

悲惨な虐待や身体拘束がマスコミで報道されるたびに、厚労省は届け出強化を指示しますが、誰も、その実数さえ把握していない、まともに調べる気さえないというのが実情なのです。

混乱の歴史

どうして、こんなことになってしまったのか。

無届施設が増えてきた歴史、それは高齢者住宅制度の混乱の歴史です。

厚労省管轄の老人福祉法に基づく有料老人ホームは、昭和30年代からある老人福祉法に規定された制度で、その目的は入居者の保護にあります。

その開設・運営に関する最低基準（有料老人ホーム設置運営標準指導指針）が示されており、新しく開設する場合は、これに基づいて事業計画を策定し、都道府県との事前協議を通じて、届け出を行わなければなりません。指導監査や契約内容、情報公開についても規定されています。

営利事業であっても高齢者の生活の根幹となる住宅事業であることから、最低基準と行政による監査・指導体制を整備することで、劣悪な業者を排除し、入居高齢者の生活の安定、権利の保護を図るというのがその法の趣旨です。

介護保険法がスタートするまで、その多くは悠々自適な老後を満喫する富裕層を対象としたものでした。

しかし、この有料老人ホームを取り巻く環境は、２０００年の介護保険制度の創設によって、大きく変化します。倒産した病院や使われなくなった旅館、社員寮などに要介護高齢者を入居さ

有料老人ホーム設置運営標準指導指針の性格(抜粋)

有料老人ホームは民間の活力と創意工夫により高齢者の多様なニーズに応えていくことが求められるものであり、一律の規制には馴染まない面があるが、一方、高齢者が長年にわたり生活する場であり、入居者の側からも介護を始めとするサービスに対する期待が大きいこと、入居に当たり前払金を支払う場合を含めて大きな金銭的な負担を伴うことから、行政としても、サービス水準の確保等のため十分に指導を行う必要がある。特に、有料老人ホーム事業は、設置者と入居者との契約が基本となることから、契約の締結及び履行に必要な情報が、入居者に対して十分提供されることが重要である。

有料老人ホーム設置運営標準指導指針』の項目・内容

① 基本的事項(届け出義務等)
② 設置者
③ 立地条件(地域環境など)
④ 規模・構造(共用設備など)
⑤ 職員配置(職員の種類と配置)
⑥ 老人ホームの管理・運営方法
⑦ サービス内容
⑧ 事業収支計画の策定・届け出・見直し
⑨ 利用料(利用料徴収・前払保全)
⑩ 契約内容(契約書・重要事項説明)
⑪ 情報開示(情報開示の徹底)

表　有料老人ホーム　設置運営指導指針の性格・内容

せ、同一法人、関連法人の訪問介護を利用させて利益を得る事業者が、全国で次々と出現したのです。

そのため、厚労省は２００６年に老人福祉法を改正、それまで10名以上としていた定員規定を廃止し、食事だけでなく介護や家事援助、相談などを行う事業者はすべて有料老人ホームだとして届け出を強化させます。

中には、「宅老所」のように、一部の地域で発展した優良な事業者もありました。

しかし、劣悪なサービスを提供している事業者は、指導や監査が行われると困りますから、「高齢者だけを対象にしていない」「食事やサービスは個別契約だ」とあれこれと理由をつけて届け出をしません。「静養ホームたまゆら」もその１つでした。

たまゆらの事故後に発覚した全国で５７９

の無届施設というのは、この制度変更によって生まれたものです。この段階で設置運営指導指針に基づいて開設された「基準適合の有料老人ホーム」と、無届施設が届け出を行った「不適合の有料老人ホーム」ができることになったのですが、半年後には389施設になっていますから、適切に届け出の指導を行い、計画的に改善を進めると同時に、新規開設ができないよう目を光らせていれば無届施設は減っていったはずです。

しかし、この有料老人ホームの混乱にさらに輪をかけたのが、国交省主管で2001年にスタートした「高齢者住まい法」の高齢者専用賃貸住宅（高専賃）です。

高齢者のための制度のはずが

賃貸マンションの中には、認知症や孤独死などのトラブルを恐れ、「高齢者お断り」というところも多く、高齢期の住まい探しは簡単ではありません。そのため「高齢者でも断らない賃貸アパート」「高齢者専用の賃貸住宅」を登録制度にして、主に自立した生活を営む高齢者が賃貸マンション・賃貸アパートを探しやすくする目的で作られた広報の制度です。

ただ、当初は登録の最低基準がなったため、有料老人ホームの混乱と同じように、一部屋に複数人という劣悪な環境に要介護高齢者を押しこめ、介護保険や医療保険を無理やり利用させて搾取する「高専賃」という名の貧困ビジネスが増えることになります。中には、押し入れの中に寝かせていたり、1人あたり3㎡程度といった、とても人の生活環境とは言えないようなひどいところも登録されていたと言います。

問題が大きくなったため、国交省は、この「高専賃」に、①個室で居住面積が25㎡以上、②居室内にトイレ・洗面設備・収納設備をつくること、③入居一時金を取る時は保全措置を講じること、といった3つの登録基準をつくり、それ以外の劣悪な高専賃を登録から除外したのです。

新しい基準での再登録スタートは、２０１０年５月19日。その前日の２０１０年５月18日に従来の基準で登録されていた高専賃は４万３６００戸ですが、新基準の移行から２ヶ月後の２０１０年７月の段階では３万１０００戸となっています。登録除外となったのは約１万２０００戸。その一部は、そのまま誰も管理しない無届施設となっていったのです。これは厚労省が当初、調査したうちの５７９の無届施設には含まれていません。

届け出制度が完全に崩壊した

ここで、さらに問題なのは、新しい基準で高専賃として登録したものは、食事や介護、相談などのサービスを提供しても有料老人ホームとして届け出しなくてもよいとしたことです。なぜ、このようなことにしたのか全く意味不明です。

そもそも、高専賃は「広報の制度」、有料老人ホームは「入居者保護の制度」であり、その目的や役割が全く違います。高専賃の新しい登録基準と言っても3つだけですし、登録内容が事実なのか、どのように運営されているのかをチェックする体制も制度もまったく整っていません。

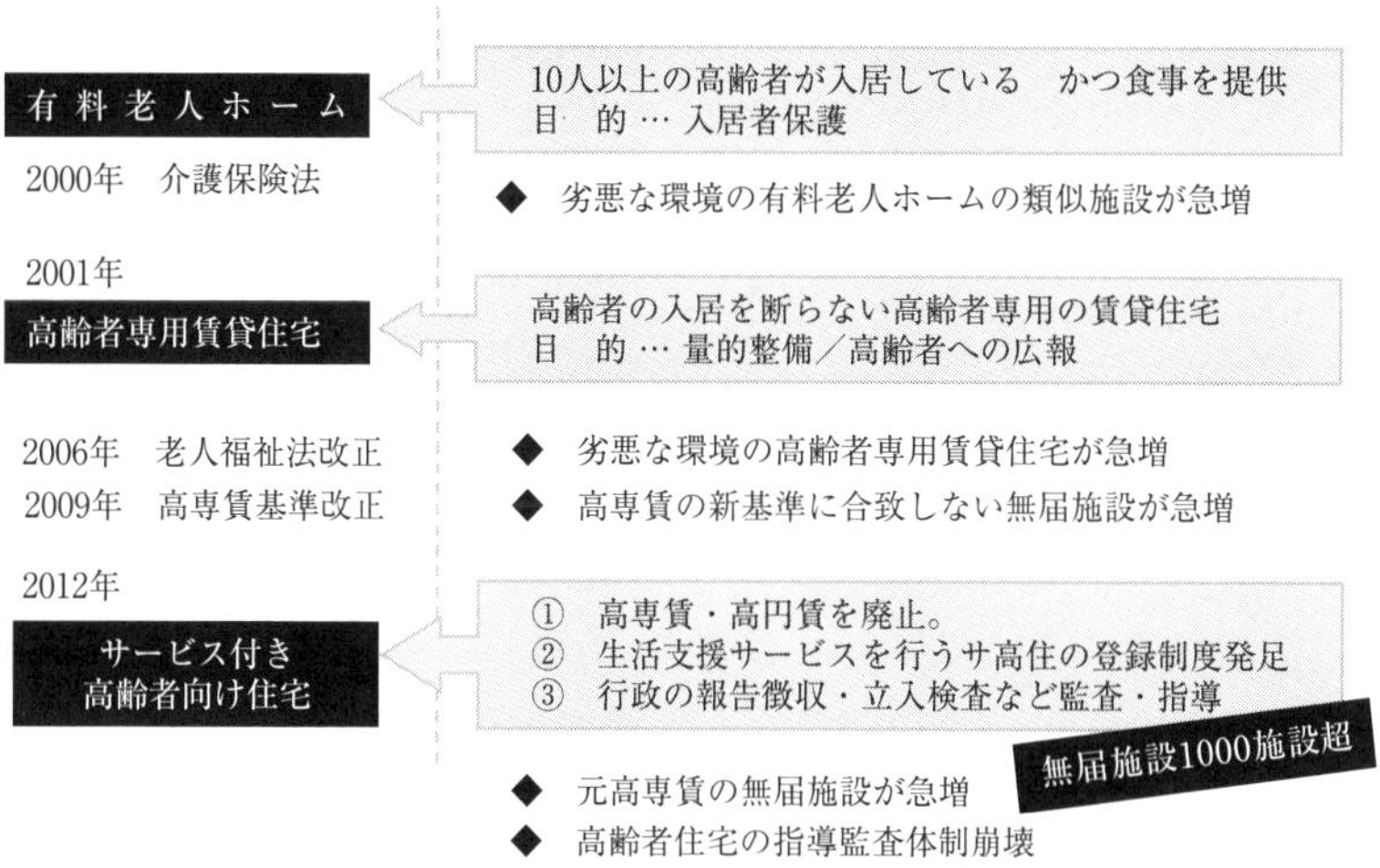

有料老人ホーム	←	10人以上の高齢者が入居している　かつ食事を提供 目　的 … 入居者保護
2000年　介護保険法	◆	劣悪な環境の有料老人ホームの類似施設が急増
2001年		
高齢者専用賃貸住宅	←	高齢者の入居を断らない高齢者専用の賃貸住宅 目　的 … 量的整備／高齢者への広報
2006年　老人福祉法改正 2009年　高専賃基準改正	◆ ◆	劣悪な環境の高齢者専用賃貸住宅が急増 高専賃の新基準に合致しない無届施設が急増
2012年		
サービス付き 高齢者向け住宅	←	① 高専賃・高円賃を廃止。 ② 生活支援サービスを行うサ高住の登録制度発足 ③ 行政の報告徴収・立入検査など監査・指導
	◆ ◆	元高専賃の無届施設が急増　**無届施設1000施設超** 高齢者住宅の指導監査体制崩壊

表　高齢者住宅制度　混乱の歴史

その結果、「有料老人ホームはあれこれと事前に煩いことを言われるので大変だ」「高専賃は監査も指導もないので楽だ」といった安易な事業者が、大挙参入することになるのです。

混乱解決の制度が更なる混乱を生む

混乱は更に拡大します。２０１２年にスタートしたサービス付き高齢者向け住宅です。

サービス付き高齢者向け住宅（サ高住）には、高専賃の３つの登録基準に加えて、「安否確認、生活相談サービスなどの生活支援サービスを提供すること」という１つの登録基準が加えられ、その推進のために税制優遇や建設補助が行われています。

一般的には、「有料老人ホーム」か「サービス付き高齢者向け住宅（サ高住）」か、という分類で捉えられがちですが、この２つの制度は対立、存立しているのではありません。その制度の趣旨は、有料老人ホームと高専

①サ高住に登録できない居室面積25㎡未満（18㎡）の有老ホーム
②居室面積25㎡以上の有老ホームでサ高住の登録はしない もの
③居室面積25㎡以上の有老ホームで、かつサ高住の登録をしたもの
④生活支援サービスを提供する元高専賃で、サ高住の登録をしたもの
⑤生活支援サービスを提供する元高専賃で、有老ホームの届け出をしたもの
⑥生活支援サービスを提供する元高専賃で、登録も届け出もしないもの
⑦生活支援サービスを提供しない元高専賃⇒一般の賃貸住宅へ

表　有料老人ホーム・サービス付き高齢者向け住宅の分類

賃という2つの制度がわかりにくいという意見が多いとして、厚労省と国交省と共管で、それらを統合する目的で作られたものです。

しかし、統合するといっても、有料老人ホームの届け出制度はそのまま残っていますし、それぞれに制度基準は違い、有料老人ホームはサ高住として再登録する必要もありません。

その結果、現在の高齢者住宅は、「有料老人ホームだがサ高住ではない」「有料老人ホームでサ高住」「サ高住だが有料老人ホームではない」と、それぞれの事業者の判断でさらに細かく枝分かれしています。それを上記7つのパターンに分類しましたが、何のことだかさっぱりわからないでしょう。

また、なぜかここで、これまで生活支援サービスを提供していた高専賃のうち、サ高住として登録しないもの、その基準に合致しないものは有料老人ホームとして届け出なさいという意味不明な制度となっています。しかし、それまでの過程を考えれば、監査指導がないからと、不透明な経営を行ってきた元高専賃の事業者は、あれこれと理由をつけてサ高住の登録も有料老人ホームの届け出もしませんし（⑥のケース）、それを指導、監査する体制も整っていません。補助金・利権ありきで展望も整合性もなく、

繰り返される無計画な制度変更の大混乱の中で、更に無届施設が爆発的に増加することになったのです。

高齢者住宅は、「自宅にもどれず、他に行き場もないため入居者・家族が弱い立場に立たされやすい」「スタッフや入居者が固定化するために閉鎖的になりやすい」「対象者が認知症などで意見が言えない」という3つの特性から、劣悪なサービスや虐待、安易な身体拘束が発生しやすく、またその隠蔽が深化しやすいという特徴があります。

それを防ぐためには、「入居契約時に必要な情報は十分に開示されているか」「サービスは契約に基づいて適切に行われているか」「虐待などの人権に関わる問題は発生していないか」など、行政や第三者機関による定期的な監査・指導は不可欠です。

高齢者住宅における入居者保護の重要性は厚労省もわかっているはずですし、そのために作られたのが有料老人ホームの制度だったはずです。本来、高齢者住宅の整備、増加と併せて、指導監査体制の構築、強化を行わなければならなかったのですが、度重なる失策によって、行政による指導監査体制は完全に崩壊し、有名無実化しているのです。

法律上適切に届け出されている有料老人ホームや認可された特養ホームでさえ、介護スタッフによる虐待事件や不適切な運営が報道されることがあります。

これに対して、無届施設は、最初から基準に従って開設されていませんし、制度や法律を無視して、あれこれ理由をつけて、外部からの指導、監査や情報公開を拒否している事業者です。不適切なサービスや虐待、またその隠蔽が行われるリスクがどれほど高いかわかるでしょう。

現在の無届施設は制度間のひずみ、もっと直接的に言えば、厚労省と国交省の省庁間の利権争いの中で生み出され、拡大してきた負の産物です。その過程で、切り捨てられてきたのは事業者ではなく、行政への登録や制度、紹介を信用して入居した高齢者・家族なのです。

無届施設はなぜ安いのか

この無届施設と言えば、序章でのべたような、入居者への虐待や劣悪なサービス、無軌道な身体拘束などがクローズアップされますが、それだけではありません。

もう1つの大きな問題は、介護や医療などの社会保障費の不正利用です。

ニュースで無届施設が取り上げられるとき、決まったように、「有料老人ホームは平均25万円、特養ホームは52万人待ちで、低所得者の行き場所がない」「無届施設は10万円前後、お金のない困った人のためにやっている」といった報道が流れます。

これだけを見ると、一般の視聴者は、「お金のない人のために、経営努力をしているのだろう」「高級な有料老人ホームだけでなく、低所得者のためには一定数必要だ」という意見に落ち着くのも無理のないことです。専門家の中にも、一般の視聴者と同じように、その事業者の言葉を鵜呑みにして、無届施設を擁護する人もいます。

しかし、実態はそうではありません。無届施設の大半は、制度基準に基づいて運営されている有料老人ホームなどとは比較にならないほど、利益率の高い、違法な貧困ビジネスなのです。それが、全国で無届施設が激増する最大の理由です。

そこには介護保険や医療保険をめぐる違法利用のカラクリがあります。

適用される2種類の介護報酬

現在、有料老人ホーム、サ高住、無届施設を含め、高齢者住宅に適用される介護報酬は、大きく分けて2つあります。

1つは、「一般型特定施設入居者生活介護」（一般型特定施設）で、現在の介護付有料老人ホームに適用される介護報酬です。

特養ホームや老健施設などと同じように、有料老人ホーム事業者に直接雇用された介護スタッフ、看護スタッフが、24時間常駐してサービスの提供を行います。介護サービスの提供責任は、その有料老人ホームが担っています。要介護1、要介護3など、要介護度が同じであれば、1日あたりの介護報酬は基本的に同じです。これを日額包括算定と呼んでいます。

もう1つは、「区分支給限度額」を基準とする算定方法です。住宅型有料老人ホームや大半のサ高住、また無届施設もこの方式です。

これは、自宅で介護サービスを受けるのと同じように、入居者それぞれが訪問介護など外部の介護サービス事業者と契約し、個別に介護看護サービスを受ける方式です。要介護度別に利用で

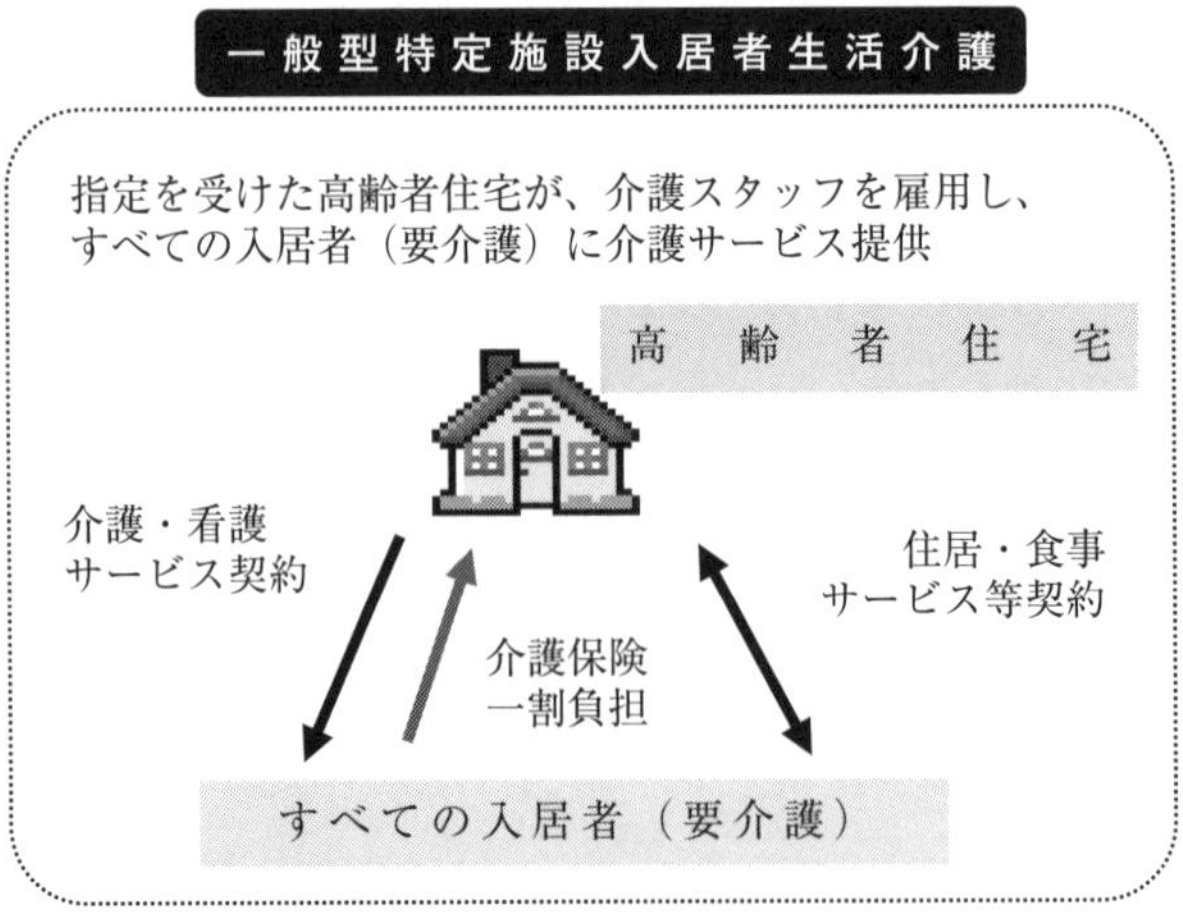

- ◆ サービス管理（管理者配置）
- ◆ 相談サービス（生活相談員配置）
- ◆ ケアマネジメント（ケアマネジャー配置）
- ◆ 介護看護サービス（介護・看護スタッフの配置）

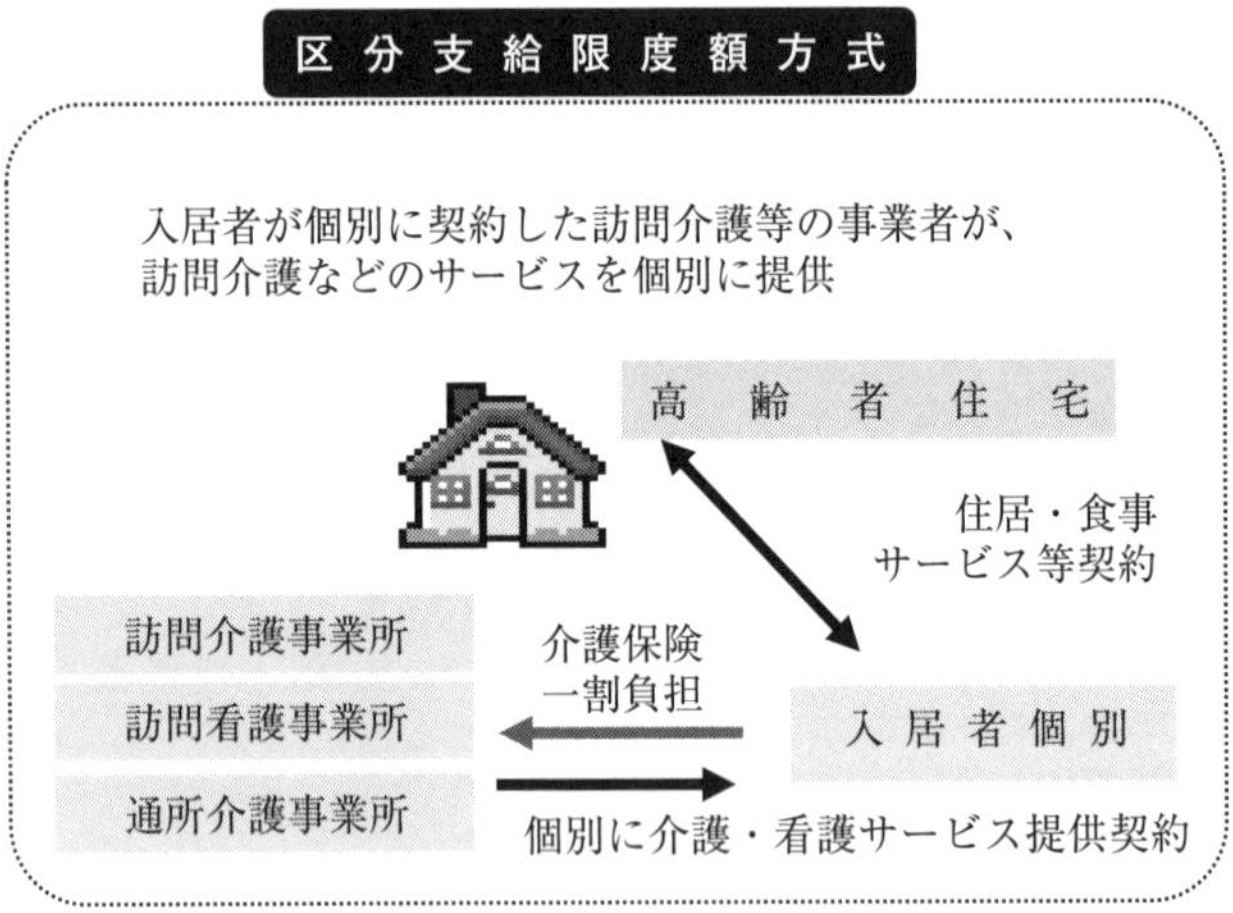

- ◆ 介護看護サービス（訪問介護、通所介護、訪問看護等）

図　一般型特定施設入居者生活介護と区分支給限度額方式の違い

きる限度額が決まっており、その中で訪問介護や訪問看護などのサービスを組み合わせて利用します。介護サービスの提供責任は、各サービス事業者にあり、高齢者住宅は関与していません。利用した分だけが介護報酬として計算されるため、これを出来高算定と呼んでいます。

介護サービスの単価や介護報酬に含まれるサービス内容も違います。

特定施設入居者生活介護の指定を受けるためには、介護看護スタッフだけでなく、相談員やケアプランを策定するためのケアマネジャー、また施設長などの管理者を置かなければなりません。サービス管理や生活相談、ケアプラン策定費なども、介護報酬に含まれているということです。

これに対して、区分支給限度額に含まれているのは、訪問介護や訪問看護、通所介護といった純粋な介護看護サービスのみです。ケアマネジャーの行うケアプランの策定費用は、別途介護報酬が算定されます。

特定施設入居者生活介護と区分支給限度額

生活相談サービスやケアプラン策定費用まで含んだ前者と、純粋な介護看護サービスしか含まない後者では、普通に考えれば前者の方が高く報酬が設定されていると思うでしょう。

しかし、表を見ればわかるように、実際は、区分支給限度額方式の方が介護報酬は高いのです。その差額は要介護度が重度になればなるほど大きく、要介護３であれば、６９５１単位（約7万円）、要介護５であれば、１万２１２５単位（約12万円）となります（1単位＝10円として計算）。

要介護度	要介護1	要介護2	要介護3	要介護4	要介護5
一般型特定施設	15990単位	17910単位	19980単位	21900単位	23940単位
区分支給限度額	16692単位	19616単位	26931単位	30806単位	36065単位
差　額	702単位	1706単位	6951単位	8906単位	12125単位

表　高齢者住宅に適用される介護報酬の違い（月額）

また、区分支給限度額の方には、別途ケアプラン策定の報酬が算定されますから、これよりも更に、１０００単位～１３００単位（１万円～１万３０００円）ほど高くなります。

もちろん、この報酬単価の違いには理由があります。

特定施設入居者生活介護は、要介護度別に１日単位で報酬額が決まっており、包括的に算定されますから、１ヶ月ほぼ同じ介護報酬で、その全額、指定を受けた介護付有料老人ホームの収入になります。

これに対して、自宅で生活する高齢者は、訪問介護、通所介護、訪問看護など、一般的に複数のサービスを利用していますから、その区分支給限度額全額を１つの事業者が得るわけではなく、利用しているサービス事業者に分散されます。

また、区分支給限度額は、あくまでも利用限度額であり、それぞれの高齢者が利用した介護サービス種類（訪問介護、訪問看護など）とその回数によって、介護報酬が算定される出来高算定です。要介護４の場合、３万８０６単位が限度額ですが、そのうちの１万単位、２万単位しか使わないという人もいます。

更に、第一章で述べたように、介護サービス提供の効率性も違ってきます。

この区分支給限度額方式は、そもそも一般の住居に対して適用される報酬体系ですから、離れた自宅に対して一軒一軒、訪問して介護サービスを提供するというのが基本です。そのためには、移動時間も必要になりますし、待期時間も発生します。

これに対して、介護付有料老人ホームの場合は、要介護高齢者が集まって生活していますから、移動時間が必要なく、効率的に介護サービスを提供することが可能です。

このように介護サービスを提供する上での条件が基本的に違うため、区分支給限度額は高く、特定施設入居者生活介護の報酬は低く抑えられているのです。

この2つの介護報酬の違いを最大限悪用しているのが、無届施設の安さのカラクリです。

ここには、介護保険法の根幹を揺るがすケアマネジメントの3つの不正が隠れています。

受けられるサービスは1種類だけ

1つは、入居者が受けられるサービスの囲い込みです。

要介護3と言っても、どのような要介護状態で、どのようなサービスを受けたいか、どのような生活をしたいのかは、それぞれ、ひとりひとり違います。

介護保険制度は、その個別ニーズに合わせて、介護だけでなく看護やリハビリ、訪問サービスや通所サービスなど、その地域で行われている様々な介護サービス種類を組み合わせて、ケアプラン（介護サービス計画）を策定するのが基本です。

	月曜	火曜	水曜	木曜	金曜	土曜	日曜
早朝							
午前	通所介護（午前〜午後）		通所介護（午前〜午後）	訪問介護		訪問介護	訪問介護
午後	通所介護（午前〜午後） 訪問介護	訪問介護 訪問看護	通所介護（午前〜午後） 訪問介護	訪問介護 訪問リハビリ	訪問看護	訪問介護	訪問介護
夜間							

図　個別ニーズに合わせた区分支給限度額方式のケアプラン

	月曜	火曜	水曜	木曜	金曜	土曜	日曜
早朝	訪問介護	訪問介護	訪問介護	訪問介護	訪問介護	訪問介護	訪問介護
午前	訪問介護	訪問介護	訪問介護	訪問介護	訪問介護	訪問介護	訪問介護
午後	訪問介護	訪問介護	訪問介護	訪問介護	訪問介護	訪問介護	訪問介護
夜間	訪問介護	訪問介護	訪問介護	訪問介護	訪問介護	訪問介護	訪問介護

図　無届施設で見られる囲い込みのケアプラン

「糖尿病なので訪問看護を火曜・金曜の午後に利用」「外出の機会が少ないので通所介護を週2回利用」「筋力の低下を防ぐために週に1度はリハビリ」といったように、その高齢者の要介護状態と希望を聞きながら、その高齢者に最適なプランを検討、策定するというのがケアマネジャーの役割であり、仕事です。

しかし、大半の無届施設では、同一法人、又は関連法人で訪問介護や通所介護を運営しており、その系列法人のサービスを無理やり利用させるということが当然のように行われています。リハビリをしたいという希望や、インシュリンの注射など医療行為が必要な場合であっても、ケアプランの中には、訪問リハビリや訪問看護は盛り込まれません。

限度額いっぱいまでの使用が前提

２つ目は、一律に区分支給限度額まで利用させているということです。述べたように、区分支給限度額とは、介護サービスを利用できる限度額です。厚労省が発表している、区分支給限度額の平均利用割合を見ると、要介護1の高齢者で45%程度、要介護5の高齢者で63%程度です。これは、家族と同居している人の割合も含まれているため、独居高齢者だけを抽出すれば、もう少し高くなるでしょう。

しかし、一方の無届施設の多くでは、全入居者一律に、ほぼ限度額一杯まで利用させることを前提としてケアプランが策定されています。

例えるなら、家賃は安いけれど、入居者はその1階にある大家さんの八百屋でしか買い物できない、またそれに給与全額使うことを強要されるというシステムになっているのです。

もちろん、この自分達の系列サービスしか使わせない、限度額まで使わせることが前提というのは、明らかな介護保険法違反です。

サービス無提供で報酬をとる

問題はそれだけではありません。

実際には、その介護サービスさえ、適切に行われていないのです。

訪問介護のホームヘルパーは、ケアマネジャーの策定したケアプランに基づいてサービスを提供しなければなりません。ケアマネジャーは、各介護サービス事業者がケアプラン通りに適切にサービスを提供しているのか、確認する義務があります。介護保険制度は、ケアマネジャーが提出した「ケアプラン」と、訪問介護事業者が提出する「サービス提供報告書」を突き合わせて、介護報酬が支払われるというシステムです。

しかし、「入居者の個別ニーズに合わせてケアプランを策定しているか」「ケアプラン通りに介護サービスが提供されていることを確認しているか」と何人かに聞いたところ、明確にＹＥＳと答えたケアマネジャーは１人もいませんでした。

訪問介護のホームヘルパーに聞いても、「食事介助してない人に介助したことになっている」「30分で請求しているが実際は10分くらい」「サービス提供していないのに報酬を請求している」「オムツ交換も実際のプランの半分程度」という意見が次々と返ってきます。

中には、働いているホームヘルパーがケアプランなど見たこともなく、行政に提出する監査用の勤務表、勤務体制、業務内容とは別の、裏の勤務表、業務指示、タイムカードを作っているところもあると言います。ホームヘルパーの名前の印鑑を経営者や管理者が持っていて、訪問介護サービスをケアプラン通りに提供したことにして、勝手にそれを押しているというのです。

ここまでひどいものになると介護報酬の不正請求というよりも、ケアマネジャーと訪問介護事業者、無届施設が共謀した明確な詐欺です。多くの場合、その実質的な経営者は同じです。

医療法人が関与している場合、さらにこれに医療保険が加わります。

自宅にいる時は、受けていなかった検査や治療、投薬などの医療行為が、あれもこれもと、繰り返し行われています。それさえも、実際に適切に行われているのかどうだかわかりません。

彼らにとって一番のお客様は、生活保護受給者だと聞きます。医療も介護も自己負担が必要ないため、不正をしても誰も文句を言わないからです。

「無届施設は、入居者に介護保険や医療保険をたくさん使ってもらうプラットホームにすぎない」「やりようによっては、家賃や食費ゼロでも高い利益がでる」とうそぶいた人がいます。

「月額費用は10万円程度」「低所得者、困っている人のためにやっている」と喧伝しても、その裏には、高額な社会保障費が搾取される構造になっているのです。

あまりにも無責任な国の体質

この無届施設は、国、地方自治体、事業者の三者三様の無責任体質が生んだものです。いまでは、その責任の押し付け合いが始まっています。

最大の責任者は、国です。

この介護保険や医療保険の不正利用は、無届施設だけの話ではありません。

指導監査の制度やその体制が崩壊しているために、補助金を使って作られたサービス付き高齢者向け住宅や住宅型有料老人ホームの一部でも、「医療・介護サービス提携型」などと称して介護保険の不正が横行しています。

これは一部の事業者だけの問題ではなく、高齢者住宅産業全体の停滞を招いています。高齢者住宅を、超高齢社会の産業として醸成するためには、健全な競争に基づく、民間企業の活力や創意工夫、ノウハウの蓄積が不可欠です。

高齢者住宅はまだ新しい事業ですから、「どのような生活動線にすれば、要介護高齢者が生活しやすいか」「どのような介護動線にすれば、最も効率的・効果的にスタッフが動けるか」といった建物設備設計や、「生活上の事故対策」「業務上のリスクマネジメント」などサービス提供上の実務、更には「キャリアパス」「介護労働の人事考課」といった経営管理手法など、超高齢社会の安定した住宅インフラとして、検討・構築しなければならないノウハウはたくさんあります。

しかし、現在の高齢者住宅経営は、「どうすれば最も効果的に介護報酬が得られるか」「医療保険で儲けよう」といった、保険頼みの議論ばかりで、これらノウハウの構築、産業としての醸成はまったくと言ってよいほど進んでいません。最近では、「どこまでが不正なのか」「指導監査の対策」「制度改定への抜け道」といった本末転倒の議論まででてきています。

介護保険当初は、超高齢社会における成長産業として、民間企業からの期待も高かったのですが、今や「制度がこれでは、とても参入できないよ」「グレーゾーンで違法行為をしている奴が儲かる仕組みなんだよね」「真面目にやっている奴はバカを見る制度だよ」という嘲笑が聞こえるようになりました。

厚労省、国交省双方で、「とりあえず数を増やそう」「補助金を出そう」「天下りの財団法人をつくろう」といった、目先の利権に終始してしまったために、高齢者住宅業界は大混乱し、制度の根幹である不正防止や入居者保護の機能は、完全に崩壊しているのです。

これらの問題を受けて、２０１５年７月に「有料老人ホーム標準設置運営指導指針」が改正されることになりました。しかし、そこには更に驚くようなことが書いてあります。

「サービス付き高齢者向け住宅のうち、食事の提供などを有料老人ホームの定義に該当する事業を行うものについては、老人福祉法上は有料老人ホームとして取り扱われていることから、同住宅を標準指導指針の対象として位置付ける見直しを行う」

これまで自分達の都合で、「高専賃、サ高住に登録されたものは有料老人ホームではない」「標準指導指針に従う必要なし」としてきたにもかかわらず、トラブルが激増して、自分達の旗色が悪くなると、「初めから、サ高住も有料老人ホームの１つだから、指導指針に従ってもらって……」などと言い始めているのです。

事ここに至っても、厚労省や国交省には、自分達の政策の失敗が、違法で劣悪な無届施設を作り、入居者保護施策を無茶苦茶にしたという認識がありません。現状の悲惨な状況に置かれている高齢者からは目をそらし、その責任を自治体に押し付けているだけです。

届け出してほしくない自治体の本音

都道府県、市町村など、監査や指導を実際に行う自治体からは、「国の責任で、これだけ無茶苦茶になったものを、押し付けるな」「サ高住の基準で作ったものを、全く違う有料老人ホームの基準で指導するというのか……」という声も聞かれます。

その気持ちはわからなくはありません。

しかし、これを長年放置してきた地方自治体の責任も決して小さくありません。

これだけ不透明で介護保険の使い方にも問題が多い無届施設ですから、一般市民の感覚からすれば「もっと厳しく届け出させよ」「どうして強制的に立入調査しないんだ」という疑問がわくでしょう。無届施設での酷い虐待や身体拘束がニュースになれば、「他の無届施設でも同様のことが行われているのではないか」と考えるのが通常の感覚です。届け出は法律上の義務ですから、届け出をしない場合、事業者や経営者に対する罰則もあります。

ところが、多くの自治体は、「届け出をしてもらわなければどうしようもない」とおよび腰です。どこに無届施設があるのか、違法状態であるのかも調査していません。「基準に該当したところは届け出してください」という掛け声だけで、それぞれの無届施設の意思に任せるというのでは、届け出が進むはずがありません。

その理由は簡単です。責任問題になるので、内心は届け出してほしくないからです。

無届施設は、入居者保護の視点を欠いた脱法施設ですから、虐待や身体拘束に対する認識は乏しく、中には違法建築のものさえあります。それが届け出されたとしても、一度、二度の監査で、改善指導ができるレベルを超えています。こういった施設の届け出を受理した後で、「たまゆら」のような火災が起これば、「自治体は何をしていた」ということになってしまいます。その責任を恐れるのです。

更に、今でも、一部の無届施設では、自治体の担当者から、特養ホームに入れない、行き場のない低所得・低資産の要介護高齢者の入居の依頼があると言います。本来、指導する立場の自治体が違法な事業者を頼っているのですから、適切な指導や監査ができるはずがありません。

また、厳しく指導して、その事業者が倒産すると、行き場を失う高齢者がでてきます。そのため、入居者が数十人、感染症で亡くなろうが、虐待が行われていようが、その陰でどれだけ多くの社会保障費が搾取されていても、行政の担当者は、目を逸らして、必死に見ないようにしているのです。

無届施設の経営者はそれがわかっているから、入居者を人質にして鷹揚に構え、違法行為や介護保険の不正利用を続けているのです。

「たまゆら」の時に批判された構図とまったく同じことが、その数倍の規模で繰り返されています。早晩、同じような火災事故が再び必ず発生するでしょう。「たまゆら」の教訓を、国も自治体も、生かすそぶりさえまったくないのです。

職員を不正に巻き込む事業者

もう1人の無責任者は、事業者です。

テレビやマスコミの報道などでも、「私たちはきちんとやっている」「家族や入居者からは喜ばれている」と話す事業者がでてきますが、そうであるならば、法律に基づいて届け出を行い、第三者にチェックしてもらえば良いだけの話です。

この制度の混乱は、国や自治体にも責任があるのですから、初めから「すべて有料老人ホームの高い基準に合致させよ」等ということは言いません。協議しながら、入居者の安全な生活に最低限必要なことを、整備していけばよいのです。

しかし、それさえも拒否し続けています。

「困った人がいるからやっている」「行き場のない高齢者をどうするんだ」と抗弁する人がいますが、それは偽善です。自分達の資産を投げ打って、自らの預貯金を取り崩して行っているのであれば評価の余地もあるでしょうが、どれだけ弁を弄しても、彼らがやっているのは営利事業であり、社会保障を搾取する、違法な利益を生みだしている貧困ビジネスです。

さらに問題は、この違法行為に、働いているホームヘルパーやケアマネジャーを加担させているということです。

述べたように、多くの無届施設で、ケアプランの内容と実際に行った介護サービスの内容が違うにも拘らず、適正に行ったことにして介護報酬を請求しています。明らかな不正請求、詐欺行為ですが、その過程でケアマネジャーやホームヘルパーは、やってもいない介護サービスを適切に行ったとサインさせられています。

一部のケアマネジャーやホームヘルパーからは、「会社からは限度額全額まで利用させろと言われる」「こんなことをして罪にならないのでしょうか」「バレたら、私たちはどうなるのでしょうか」という悲壮な相談が寄せられます。

これをある無届施設の経営者に問うと、「違法行為や不正を指示しているわけではない。ケアマネジャーやホームヘルパーは有資格者なので、法律的に問題ないように、ちゃんとやってくれていると思っている」と、明らかに責任転嫁をしました。

不正が発覚すれば、事業者の指定が取り消されるだけでなく、違法性を認識していたホームヘルパーやケアマネジャーは、資格停止、資格剥奪になります。最悪の場合、詐欺罪として刑事告訴を受け、莫大な金額の返還を連帯して求められることになるのです。

届け出だけでは、解決しない

これらの問題を解決するには、届け出の強化は必要です。

ただ、無届施設という名称が届け出ることでなくなったとしても、それだけですべての問題が解決するわけではありません。

無届施設は社会保障費の不正利用によって安くなっているだけで、「それ違法ですよ」「ちゃんとケアプランを策定し、適切に報酬請求を行ってください」と指摘された場合、その価格設定は５万円～10万円程度、一気に跳ねあがります。大半の入居者は低資産低収入の高齢者ですから、支払うことができません。行き場がなくなれば、その受け皿もありません。

だからと言って、介護保険や医療保険の制度の歪をついた、グレーゾーンや不正請求を認めるわけにはいきませんし、それほどの財政的な余裕はありません。

実際、その破綻の足音は近づいています。

現在、厚労省が把握している無届施設は全国で９１１ヶ所ですが、このうち、北海道が４３１件と全体の約半数を占めています。これは、「高齢者向け」ではなく、「高齢者・障害者むけ」とすれば届け出しなくてよいと意味不明な解釈をした自治体の責任です。

「グループハウス」という名称で、新築の無届施設が、月額10万円前後で、当たり前のように乱立しています。その結果、１００以上の無届施設がある旭川市では、無届施設での訪問介護費が介護保険支出を押し上げ、その総額は３０７億円と、旭川市の市税を超えるまでになっています。

「無届施設の中にも優良なものはある」「とりあえず届け出を」などというレベルの話ではないことがわかるでしょう。

第三章　役割を見失った特養ホーム・社会福祉法人

日本は憲法25条で、「すべて国民は、健康で文化的な最低限度の生活を営む権利を有する」と規定されています。この「健康で文化的な最低限度の生活」のラインが、よく耳にするセーフティネットです。病気になったり、要介護状態になったりしても、それ以下の生活に陥らないように、医療保険や介護保険、老人福祉などの社会保障制度が国の責任で行われています。

述べてきたような、劣悪な無届施設で生活せざるをえないような高齢者が増えているのは、社会保障制度、特に老人福祉施策が機能していないからだと言えます。

無届施設や高齢者の住まいを巡るニュースや報道を見ていると、「有料老人ホームの平均利用料は25万円」「低価格で入所できる特養ホームは52万人待ち」「特養ホームに入れない要介護高齢者が無届施設を頼る」という構図で、議論が組み立てられています。

その多くが「無届施設を減らすには、年金程度で入所できる必要な数の特養ホームが必要」という意見に落ち着くのですが、問題はそう単純ではありません。

１つは財政です。自宅や高齢者住宅で生活する要介護高齢者と比較すると、特養ホームの設置運営には、年間１人あたり１８０万円もの社会保障費が多くかかります。待機者をゼロにするには、今よりも更に、毎年、数兆円の社会保障費が必要となります。

もう１つは、低所得者対策の不備です。

現在建設されている特養ホームは、プライバシーや居住環境向上の面から、全室個室のユニット型が中心で、居住費（家賃）の一部を入居者が負担することになっています。そのため、莫大な社会保障費を投入した老人福祉施設でありながら、富裕層は入居しやすく、貧困の高齢者は極端に入りにくいという致命的な欠陥を抱えています。つまり、現在の制度のもとで、ユニット型個室の特養ホームを増やしても、社会保障費の増大につながるだけで、無届施設に頼らざるを得ないような、低所得、低資産の高齢者は入所できないのです。

更に、老人福祉増進のための公益法人として開設されたはずの社会福祉法人の一部は、補助金や非課税などの優遇施策を背景に、高い利益を上げており、その福祉利権を行政の天下りや地方議員が喰い物にするという構図が出来上がっています

本章では、現在の特養ホームや社会福祉法人の抱える課題について整理します。

相部屋から個室へと大きく変化

まずは、現在の特養ホームについて、簡単に整理します。

介護保険制度がスタートする数年前、平成10年ごろまでに建築された特養ホームは、４人部屋が中心でした。これらを「従来型」と呼びます。開設された時代によっても違いますが、その建築費総額の約４分の３が、補助金として支出されていました。そのため、その月額利用料は、居住費（家賃相当）や食費、介護保険の１割負担を含め０万円～６万円程度（収入や資産によって変わる）に抑えられています。

介護保険制度の発足と前後して、「特養ホームは長期入所が一般化しており、高齢者の住まいとして相応しい居住環境を整備すべきだ」という意見が高まり、10名程度のユニットに分けられた全室個室の特養ホームが推進されることになります。従来型に対してこれを「新型」もしくは「ユニット型個室」と呼んでいます。

この個室化に合わせて、在宅で生活する高齢者との公平性の観点から、特養ホームに対する建設補助金の金額も総額の３分の１～４分の１程度にまで減額され、入居者に負担してもらう居住費も従来型と比較すると高額になっています。

このユニット型個室の月額利用料は、現在、５万円～13万円（基準額）です。

厚労省の資料によると、平成26年３月現在、特養ホームの施設数は７９８２施設、入所者数は待機者とほぼ同数の52・１万人とされており、内、個室の占める割合は、約70％（内、ユニット型個室は53％）となっています。

要介護度	要介護1	要介護2	要介護3	要介護4	要介護5
介護付有老ホーム	15990単位	17910単位	19980単位	21900単位	23940単位
ユニット型個室 特養	18750単位	20730単位	22860単位	24840単位	26820単位
地域密着型 特養	22980単位	24870単位	26910単位	28800単位	30660単位

表　介護付有老ホームとユニット型個室特養ホームとの報酬差（30日）

お金がかかる特養ホームの整備・運営

特養ホーム整備の課題の1つは、民間の高齢者住宅と比較すると、その設置、運営に高額の社会保障費が必要になるということです。

介護保険法では、特養ホーム（介護老人福祉施設）、介護付有料老人ホーム（特定施設入居者生活介護）ともに、介護看護スタッフの指定基準（指定を受けるための最低基準）を、要介護高齢者3名に対して常勤換算で介護看護スタッフ1名としています（これを「3：1配置」と言います）。また、ケアマネジャーや相談員、管理者など他の職員の設置基準もほとんど変わりません。

しかし、表のように介護付有料老人ホームの入居者1人当たりの介護報酬にくらべて、ユニット型個室特養ホームの入所者は、月額1人当たり約3万円、地域密着型と呼ばれる29床未満の小規模の特養ホームでは、約7万円多く設定されています。その差額は、それぞれ1人当たり年間36万円、84万円になります。その他、特養ホームには、「初期加算」「看取り加算」「外泊時・入院時加算」など、さまざまな報酬加算が用意されていますから、その報酬差はさらに大きくなります。

介護報酬の差ができる理由

それは、指定基準の介護看護スタッフ配置と、実際に必要なスタッフ数に差があるからです。

介護付有料老人ホームでも特養ホームでも、要介護3～5という重度要介護高齢者が増えると、介護サービス量が増えますから、指定基準の「3：1配置」程度では、必要な介護サービスが提供できなくなります。

これに対して、介護付有料老人ホームでは、基準以上の介護スタッフを配置する場合、「上乗せ介護サービス費」を独自に設定して、各入居者から自費で徴収することになっています。介護付有料老人ホームのパンフレットや契約書には、「2・5：1配置」「2：1配置」などと書いてありますが、それだけ基準よりも、介護スタッフ数を増やしているということです。

他方の特養ホームは、指定基準よりも介護スタッフを増やしても、老人福祉施設という性格上、上乗せ介護サービス費を独自に設定することができません。

特に、複数人部屋の従来型と比較すると、個室での介助には、より多くの介護スタッフが必要となることがわかっています。

厚労省が介護給付費分科会（平成26年7月23日）に提出した資料によると、入所は重度要介護高齢者が中心であることから、ユニット型個室特養ホームのスタッフ配置は、平均で「1・6：1配置」となっています。これは60名の定員に対して、配置基準は20名だけれど、実際は38人のスタッフが働いているということです。29床以下の地域密着型では、スケールメリットが活かせ

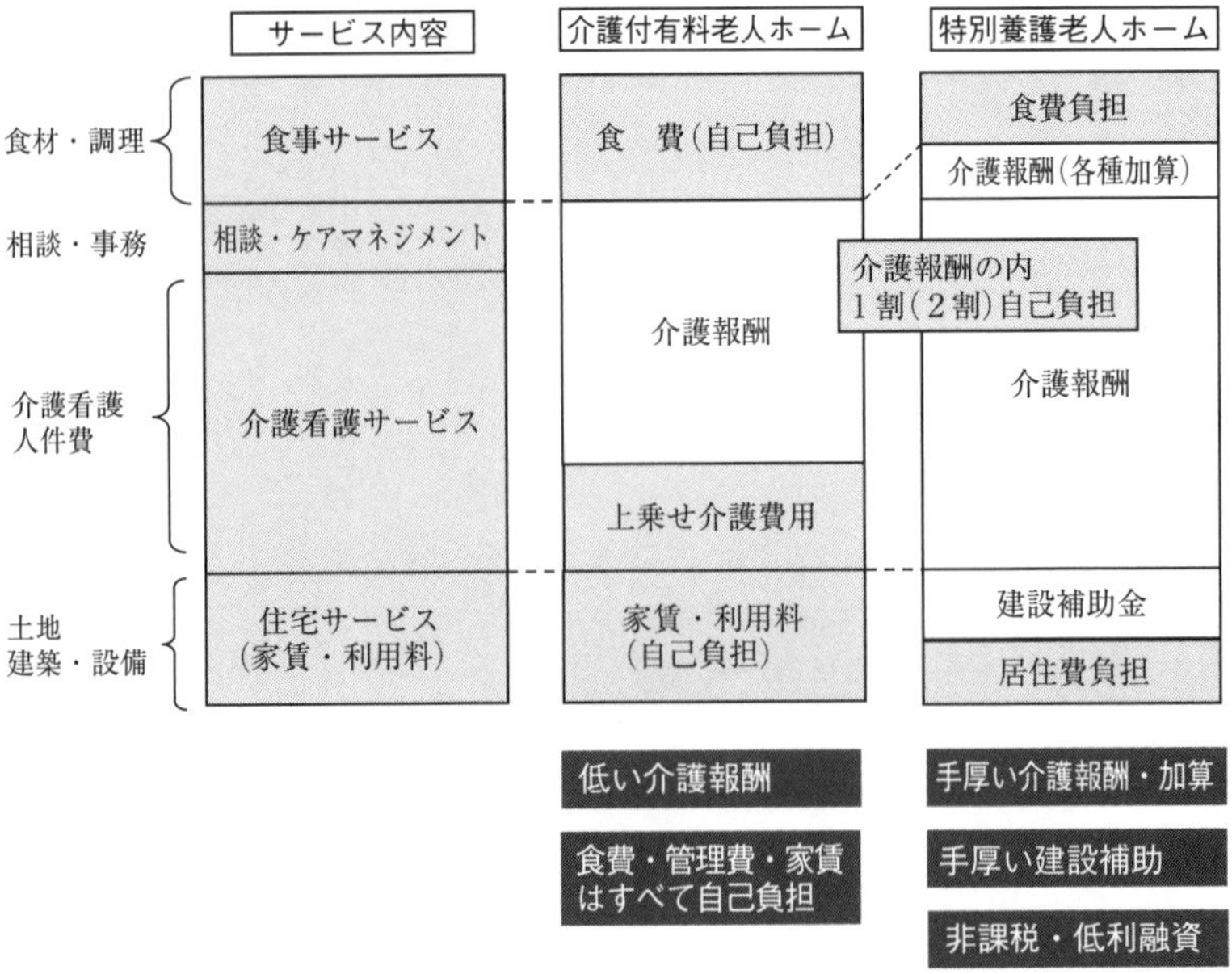

図　特養ホームと介護付有老ホーム　各種サービスと自己負担の違い

ませんから、さらに多くの介護看護スタッフが必要となります。

　その分を見越して介護報酬が高く設定されているのです。

補助金の差、税制の差

　その違いは、介護報酬だけではありません。

　現在のユニット型個室の特養ホームの建設にあたっては建設補助金が支出されています。この建設補助単価は、都道府県・市町村によって、また整備される年度によって違いますが、定員１名（１床）あたり、２５０万円～５００万円程度。60名定員の特養ホームの場合、１億５０００万円～３億円となります。これ以外にも、設備関連資金の補助、車両費の無償貸与などが行われている都道府県、市町村もあります。

　また、建設資金の借り入れについても、独立行政法人・福祉医療機構から、低利・固定金利での融資を受けることが可能です。低金利が長期間続いていますので、従来と比べるとそのメリットは小さくなっていますが、20年以上、低利で固定というのは、収入の多くを介護報酬に依存している介護サービス事業においては、経営を安定させる大きな優遇策です。

さらに、税制も違います。株式会社の法人税等の実効税率は35％程度で、これに固定資産税等も必要です。一方の特別養護老人ホームを運営する社会福祉法人は、法人税、事業税、固定資産税など、すべて非課税となっています。

このように高い介護報酬や開設・運営に対する直接的・間接的な補助、税制優遇も含め、特養ホームで暮らす入所者は二重、三重の手厚い保護を受けているということがわかります。そのため、24時間３６５日の介護看護サービス付、栄養価の計算された食事付、プライバシーの確保された個室という環境で、１ヶ月、５万円～13万円程度という月額利用料が実現しているのです。

意図的に混乱させられてきた施設と住宅の役割

自宅で介護しながら、特養ホームの入所の順番が回ってくるのを待っている家族からすれば、「特養ホームを増やしてほしい……」という意見は当然です。「高齢者住宅選び」などのセミナーで高齢者や家族と話をしていても、「有料老人ホームほど豪華でなくても、サービスも建物設備もそこそこでもいいから安い特養ホームを……」と多くの人が言われます。

しかし、現実はそうではないのです。

述べたように現在のユニット型個室特養ホームには、１人あたり年間１８０万円、月額に直すと15万円もの社会保障費が投入されています。「特養ホームは月額13万円程度、介護付有料老人ホームは平均25万円」と聞くと、介護付有料老人ホームの方が豪華で、手厚いサービスを受けられると考えがちですが、その価格差は社会保障費が多く投入されているからにすぎません。

ユニット型個室の特養ホームの隣に、同じ建物設備基準、「１・６：１」のスタッフ配置で介護付有料老人ホームを作ると、月額利用料は30万円前後に設定しなければなりません。

「低価格の介護付有料老人ホームもあるのに、特養ホームの待機者が一杯なのは何故でしょうか」と質問を受けることがありますが、現在の制度をみれば、それは誰が考えても当然なのです。

介護保険と老人福祉の違い

なぜこんなことが起こっているのでしょうか。

それは、有料老人ホーム等の高齢者住宅と老人福祉施設である特養ホームの役割が混乱しているからです。俯瞰《ふかん》すれば、それは介護保険と老人福祉の混乱、社会保険と社会福祉の混乱です。

現在の新聞やテレビなどの報道の中でも、福祉と介護の言葉が混同されて使われていますが、その役割は基本的に違うものです。

図のように、日本の社会保障制度は、大きく「社会保険」と「社会福祉」の２段階に分かれて

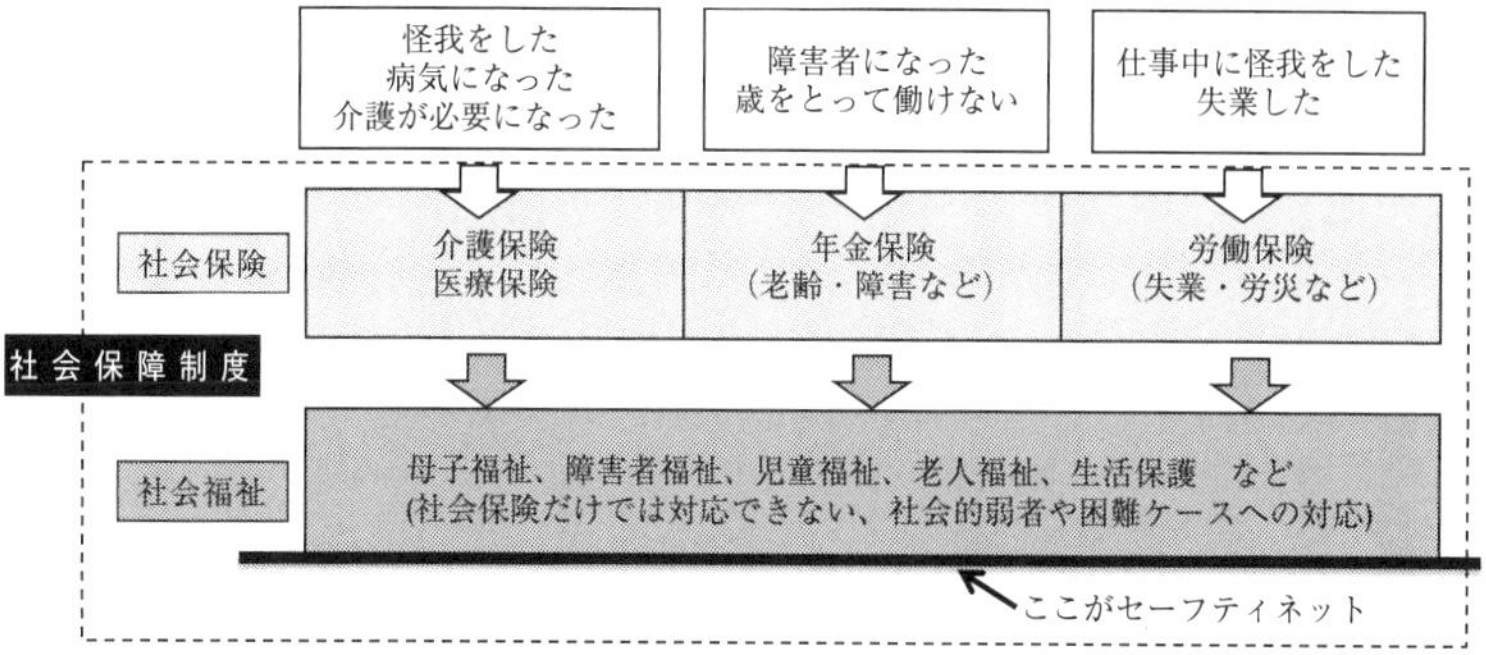

図　社会保険と社会福祉の関係

います。その中で、怪我や病気、要介護状態になった時や、また老齢や障害などで働けなくなった時に備えて、すべての国民が保険料を負担する「国民皆保険」と呼ばれる相互扶助の社会保険制度がベースとなっています。

しかし、この社会保険だけでは対応できない課題があるため、その下支えをするために児童福祉、障害者福祉、生活保護などの公的扶助による社会福祉施策が行われています。図にすると、社会保障制度の中でも、社会福祉が最終的なセーフティネットの役割を果たしていることがわかります。

これは介護保険と老人福祉の関係も同じです。

以前は、高齢者介護も老人福祉施策の一環として行われていたのですが、２０００年の介護保険法の成立で、介護と福祉が分離され、新しい社会保険制度としてスタートしました。

軽度要介護、重度要介護であれ、要介護状態となった時に、基本的な介護サービスを担保するのは、介護保険制度の役割です。ですから要介護高齢者の住宅対策は、老人福祉ではなく、住宅部分は住宅施策、介護部分は介護保険制度の中で行われなければなりません。

特養ホームは、老人福祉施設ですから、介護保険だけで対応できない、介護虐待や介護拒否などの問題に対応するのが役割です。

本来、介護保険制度の発足とともに、それぞれの役割を明確に整理し、分離させなければならなかったのですが、「特養ホームが足りない」と、制度の基礎や整合性を無視して老人福祉施設をつくり続けてしまいました。そのため、どこまでが介護保険の役割で、どこからが老人福祉の役割かわからない、混乱した状態になっているのです。

混乱するセーフティネット

ここで問題となるのは、このユニット型個室特養ホームは、「セーフティネット」として適切なものか……ということです。

「要介護高齢者の住居」「要介護高齢者への個別ケア」という視点に立てば、ユニット型個室特養ホーム（新型特養ホーム）は、商品・システムとして非常に優れたものです。

10人単位の小さなユニットを基礎とした、要介護高齢者それぞれの生活リズムに合わせた手厚い個別ケアが実践され、要介護高齢者の住居としては、ひとつの理想だと言ってよいでしょう。

しかし、述べたように、その理想を形にするためには、多くの介護スタッフと莫大な社会保障費が必要になります。

特養ホームと全く同じ基準で介護付有料老人ホームをつくると、月額30万円前後になると書き

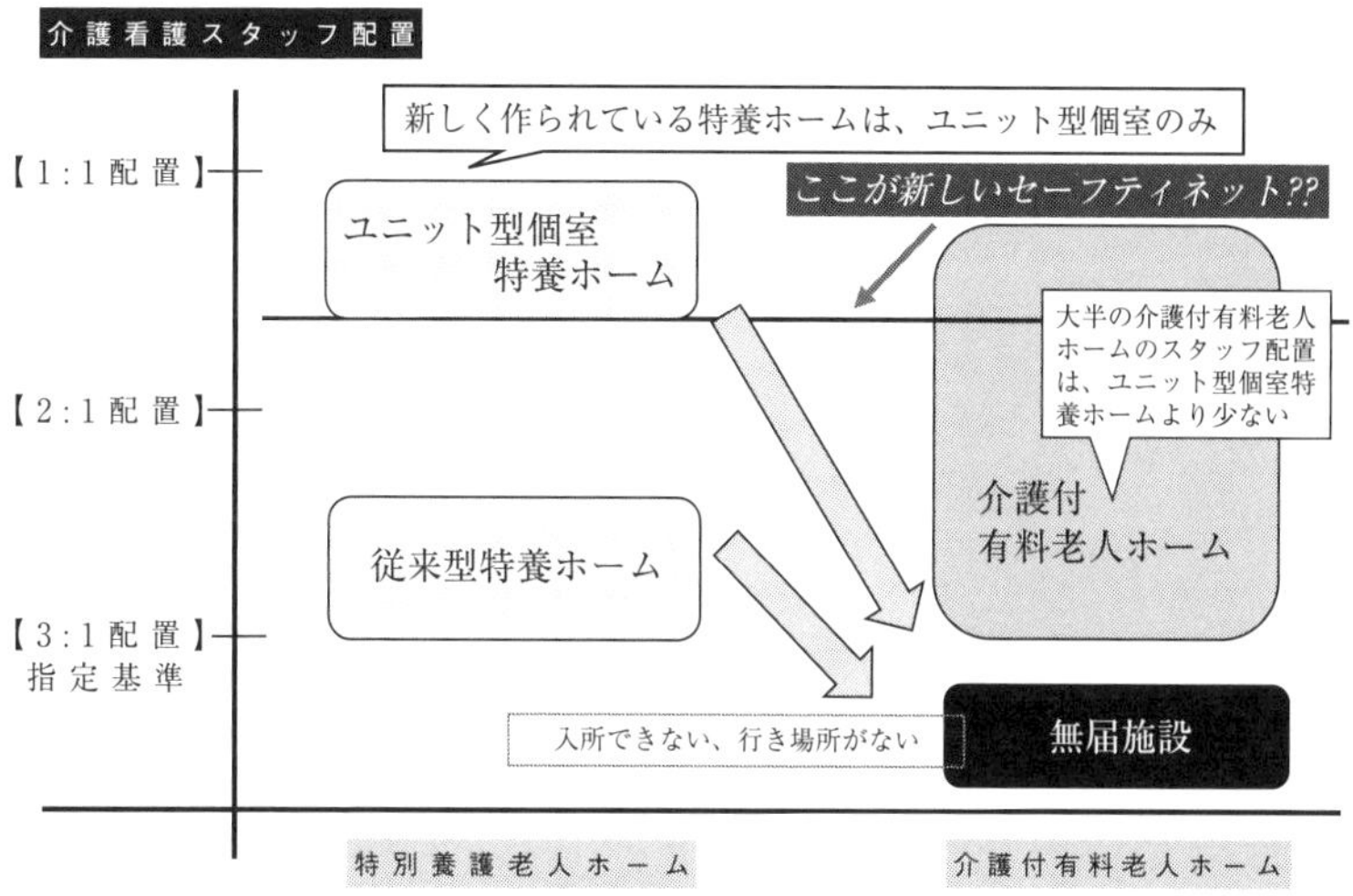

図　特養ホームに見るセーフティネットの混乱

ましたが、実際の介護付有料老人ホームの平均は25万円程度、中には20万円前後のところもあります。もちろん、そこには企業努力もありますが、その大半は特養ホームの介護看護スタッフ配置よりも、少ないスタッフ数で介護を行っています。

「特養ホームは、福祉施設のくせに贅沢だ」と言っているのではありません。ただ、そのユニット型個室の特養ホームを、要介護高齢者の「健康で文化的な最低限度の生活」というセーフティネットにするのであれば、大半の介護付有料老人ホームは、憲法違反だということになります。

理想は、誰でもユニット型個室特養ホーム以上の生活を送ることができ、その上で、「広い部屋で生活したい」「24時間看護師や医師がいるところが良い」と、より手厚いサービスを希望する人は、そのニーズに合わせて民間の介護付有料老人ホームに入居できることです。

しかし、財源・人材共に、配分可能なパイは限られており、すべての希望者が入所できるように、ユニット型個室の特養ホームをつくり続けることは不可能です。

現状は、運良く特養ホームに入れた人は、低価格で手厚い介護を受けられてラッキーだけれど、介護付有料老人ホームの入居者や待機者を含め、その数倍の人が、そこから零れ落ち、セーフティネット以下の生活をしていることになるのです。

言い方を変えると、「13万円の豪華な特養ホームに入れないから、25万円の介護付有料老人ホームで我慢している」「運良く特養ホームに入れれば天国、入れない人は無届施設」ということになります。そう考えると、社会保障、老人福祉施策として、現在の制度がいかにいびつなものかが、わかるでしょう。

貧困層は極端に入りにくいユニット型個室

このユニット型特養ホームの問題は、「セーフティネットのラインとしては不適切だ」ということだけではありません。

莫大な社会保障費を投入して作られている福祉施設であるにもかかわらず、お金を持っている人が優先され、お金のない人が入りにくいという本末転倒の事態となっていることです。

そこには2つの課題があります。

低所得者対策の不備

１つは低所得者対策の不備です。

特養ホームは老人福祉施設ですから、利用料が安く設定されているだけでなく、加えて、老人福祉法から続く独自の低所得者対策が行われています。

ユニット型個室特養ホームの標準的な居住費と食費、月額費用及びその低所得者対策について一覧にしたものが次頁の表です。

例えば、第３段階（独居の場合、市民税非課税世帯で収入が80万円以上１５５万円以下）の要介護高齢者がユニット型個室に入居している場合、居住費の負担限度額は１３１０円となり、基準額との差額の６６０円（１９７０円－１３１０円）が介護保険から支出されています。食費を合わせると１日当たり１３９０円、月額にして４万１７００円の減額です。同様に、第２段階の入所者は月額６万４２００円、第１段階は月額６万６９００円が減額されています。

その他、月額利用料には、介護保険の１割負担が入りますが、これも「高額介護サービス費」として、段階ごとに負担限度額が定められています。

しかし、この月額利用料は特養ホームに支払う金額であって、月額の生活費ではありません。

表のように、第２段階の収入が80万円未満の高齢者の場合、特養ホームに支払うのは５・２万円ですが、それ以外に、介護保険料や健康保険料の他、医療費もかかります。その他、おやつ代や少しのお小遣い、下着や洋服などの購入なども、生活していく上では必要でしょう。

	基準費用額	第１段階	第２段階	第３段階	第４段階
居住費（負担限度額）	1,970円／日	820円／日	820円／日	1,310円／日	1,970円／日
食費（負担限度額）	1,380円／日	300円／日	390円／日	650円／日	1,380円／日
標準的な月額利用料（１割負担含む）	約13万円	約4.9万円	約5.2万円	約8.5万円	約13万円

◆第１段階…生活保護受給者、老齢福祉年金受給者で世帯全員が市民税非課税
◆第２段階…世帯全員が市民税非課税で、かつ本人課税年金収入＋合計所得金額が80万円以下
◆第３段階…世帯全員が市民税非課税で、かつ第二段階に非該当（所得金額が155万円以下）
◆第４段階…第１段階・第２段階・第３段階に非該当　（減額措置なし）
又は、一定額以上（単身で1000万円以上程度）の預貯金をもつ

表　ユニット型特養ホームの低所得者対策

その費用が毎月２万円とすると、１ヶ月に必要な費用は７・２万円、年間で80万円を超えてしまいます。ですから、ある程度の預貯金がないと、国民年金の老齢基礎年金の高齢者（平成27年度　78万１００円）は、ユニット型個室の特養ホームには入所できません。

第三段階の高齢者も同様に計算してみます。

収入金額が80万円～１５５万円の場合、月額費用が８・５万円となります。ただし、保険料等も上がるので、その他生活費が２・５万円と仮定すると、月額の生活費は、少なく見積もっても11万円。年金額が１３２万円以下の高齢者は、入所できないということになります。

最後の第四段階、合計収入が１５５万円以上の第四段階の高齢者はどうでしょう。特養ホームへの支払いは13万円程度で、その他の生活費は３万円と仮定すると、月額の生活費は16万円。年間では１９２万円となり、１５５万円の収入では、37万円のマイナスとなります。

その他、入院をすれば入院費は必要ですし、家族がい

ない場合、自分の死後の後始末をするために、少しの蓄えも残したいでしょう。更に、今後、健康保険料や介護保険料も確実に増えていきます。

厚労省は、モデル年金を１９８万円（国民年金78・６万円、厚生年金１１９・９万円）と設定していますが、一定以上の蓄えがなく、収入が年金に限られている場合、その金額でも入所できるギリギリの水準だということがわかるでしょう。

不透明な価格設定

もう1つの問題が、ホテルコスト（居住費及び食費）の価格設定です。

本来、特養ホームは社会的弱者に対する老人福祉施設ですから、その利用料は国によって定められるべきものです。

しかし、なぜか現在のユニット型個室特養ホームの居住費や食費は、建設費や食事原価等を勘案して、それぞれの施設で自由に決めて良いことになっています。

居住費は１日１９７０円、食費は１３８０円、合わせて３３５０円、介護報酬の１割負担を含めて、月額費用は13万円程度と書きましたが、これはあくまで基準額であり、目安です。

独立行政法人・福祉医療機構が２０１３年3月に発表した調査「ユニット型特別養護老人ホームの標準モデル（４ヶ年平均）」によると、平成18年から平成21年まで４年間の間に作られた特養ホームの１日あたりの居住費の平均は１日２４１２円となっています。中には、１日あたりの

	基準費用額	第１段階	第２段階	第３段階	第４段階
ユニット型個室居住費	1,970円／日	820円／日	820円／日	1,310円／日	1,970円／日

第３段階（非課税世帯）の入所者のホテルコスト負担者

ホテルコスト　1970円の場合
本人負担（法定）　1640円
介護保険負担　330円

ホテルコスト　2500円の場合
本人負担（法定）　1310円
介護保険負担　660円
施設負担　530円

ホテルコスト　4850円の場合
本人負担（法定）　1310円
介護保険負担　660円
施設負担　2880円

表　減額対象者を入所させると施設の収支が悪化

居住費が４７８０円、４８５０円というところもあります。

食費も同様に自由に設定できますから、居住費と食費を合わせると、１日６０００円以上ということになります。これに介護保険の１割負担を足すと、毎月の老人ホームに対する月額利用料だけで20数万円が必要になり、支払うことのできる人は限られてしまいます。

問題はこの基準額以上のホテルコストが、入所者選定と直接、関わってくるということです。

「居住費１９７０円、食費１３８０円」という基準費用額は、低所得者に対して減額を行う際の基礎となる金額です。居住費が１９７０円の特養ホームが、上記表の第３段階の高齢者を入所させた場合、その入居者の負担限度額は１３１０円ですから、基準費用額との差額６６０円（１９７０円－１３１０円）は介護保険から支出されます。

一方、基準費用額以上の１日２５００円の居住費を設定している特養ホームが、第３段階の高齢者（非課税世帯）を入所させた場合、本人負担限度額は制度で決められていますから同じく１３１０円です。基準費用額との差額６６０円（１９７０円－１３１０円）は介護保険が支出されます。しかし、基準額を超えた部分の５３０円（２５００円－１９７０円）

は、介護保険からも支出されませんし、入所者や家族からも徴収できません。その差額は施設が負担（減額）しなければなりません。

１人１日５３０円ですから、50名の減額対象者がいると、１年間で１０００万円近くの減収、居住費が４８５０円の特養ホームだと、その差は１人１日２８８０円、50人で年間５２００万円を超えます。他の収支は変わりませんから、減収ではなく、そのままの金額で減益です。

特養ホーム、社会福祉施設は営利事業ではありませんから、基準額以上の居住費や食費は利益をあげるためのものではなく、建設費等から算定して、その金額でないと運営が成り立たないということが前提です。居住費を２５００円、４８５０円にしなくても経営が成り立つ、余剰金が生まれるというのであれば、その設定自体に問題があることになります。

そう考えると、基準額以上の居住費や食費を設定している特養ホームには、生活保護受給者だけでなく、減額対象となる第２段階、第３段階の低所得の高齢者も入所させられません。社会的弱者の福祉施設として、最初から完全に矛盾しているのです。

現行制度では、申込者の内、どの高齢者を先に入所させるのかを決めるのは、各特養ホームです。低所得者を入所させると収支が悪化するのですから、中には減額の必要のない第四段階の高齢者が１００％となっており、低所得者を実質的に対象外としているところもあります。

特養ホームができたのに入所者がいない

これは高齢者、家族から見た場合、その資産や収入によって特養ホームの申込先が限定されてしまうということです。

述べたように、特養ホーム全体に占める個室割合は70％、ユニット型個室の割合は全体の50％を超えています。ユニット型個室と、従来型の複数人部屋の両方をもつ施設長と話をすると、個室への申し込みが2割、複数人部屋への申し込みが8割だと言います。つまり、待機者のほとんどは、低価格の複数人部屋の特養ホームに集中しているのです。

「東京には特養ホームが足りない」と報道されることがありますが、その一方で、足立区に新しくできたユニット型個室特養ホームには申込者が少なく、開設時に定員を満たさなかったという事態も発生しています。もちろん、足立区は待機者が少ないというわけではありません。近くに特養ホームができても、お金のない人は申し込めなかったのです。

厚労省や地方自治体は、待機者の問題に対して、「重度要介護高齢者など緊急性の高い人を優先的に入所できるように指導する……」とコメントをしています。確かに、各施設で次の入所者を決める際には、「要介護度」「独居か否か」「介護サービスの利用状況」などをポイント制にして、緊急性の高い高齢者を優先するように指導しています。

しかし、各施設で判断されるのは入所の申し込みがあった人だけです。低所得低資産の高齢者は、全体の半数以上を占める個室の特養ホームには初めから申し込めないのですから、優先性も

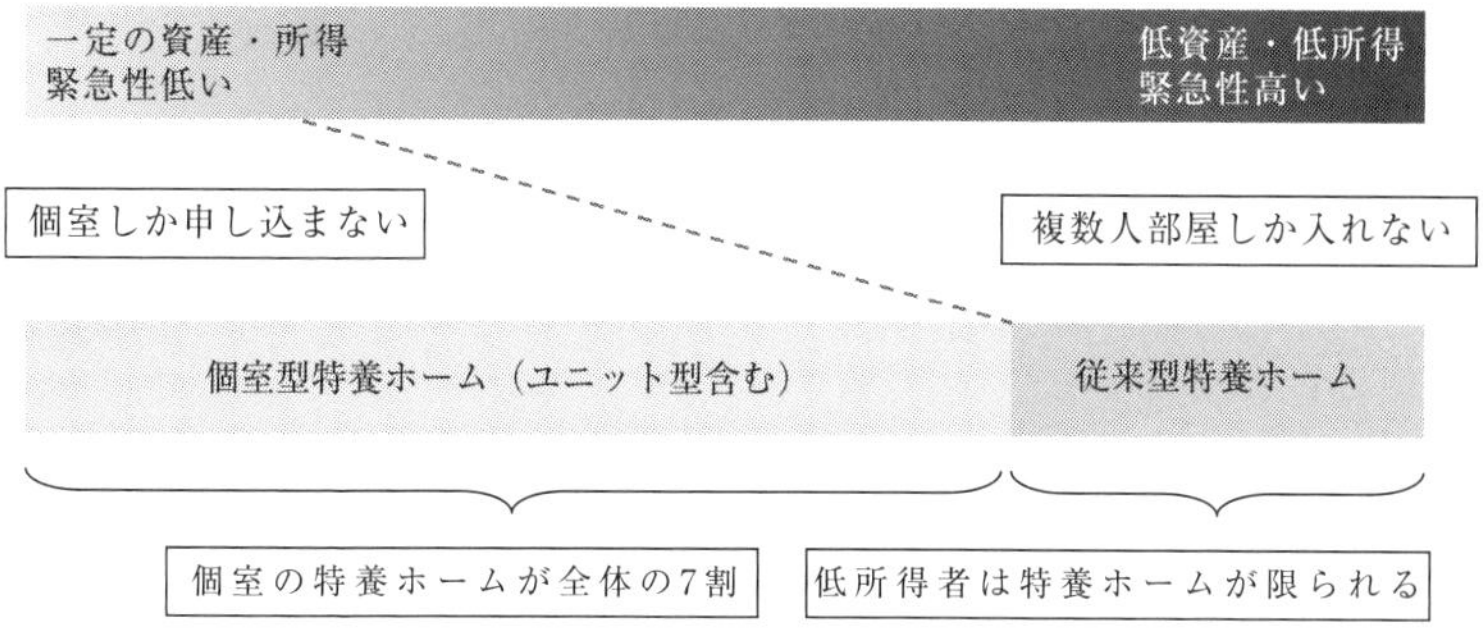

図　緊急性の低い富裕層が優先される特養ホーム

緊急性も判断しようがありません。

一方で、ケアマネジャーと話をすると、「個室の新型特養ホームしか入所しない」「新しい施設にしか申し込みをしていない」という高齢者・家族も増えていると言います。

彼らに共通するのは「緊急性がない」かつ「一定の支払い能力がある」ということです。

虐待や孤独死などの問題を見ると、現代社会においては「富裕層は社会的弱者でない」とは言い切れません。しかし、「個室が空くまで待つ」という余裕があるのですから、彼らは、緊急性が高いわけではなく、社会的弱者にも当てはまりません。

繰り返しになりますが、特養ホームは、高齢者の住まいとしてではなく、要介護高齢者の最後の砦、最低限の生活を営むためのセーフティネットとして整備されてきた福祉施設です。その役割のために、莫大な社会保障費が投入されているのです。

お金がない人は福祉施設に入れないというのは、貧困家庭の子供は公立小学校に行けないというのと同じです。

ますます格差は広がっていく

この格差は、更に大きく広がっています。

2015年8月から、特養ホームの入所者に対する食費や居住費などのホテルコストの負担減額制度が大きく変わりました。。前年度の収入だけでなく、預貯金が1000万円以上（夫婦で2000万円以上）の高齢者は、減額制度がなくなり、第四段階の費用を支払うことになります。

在宅で暮らす高齢者との不公平感を緩和するために必要な措置だということはわかります。ただ、現在のユニット型特養ホームの基準負担額（第4段階）は13万円ですが、ホテルコストの平均額を見ると、15万円は必要ですし、かつ介護保険料や健康保険料、医療費負担、おやつ代、こずかいなどさまざまな諸費用を含めると、生活費は18万円程度にはなるでしょう。中には、豪華な建物、豪華な食事で基準額の2倍近い、20数万円の月額利用料が必要となる「高級特養ホーム」のようなものまであります。

特養ホームの平均在所期間は、約4年。預貯金を取り崩してその費用を支払い続けることは容易ではありませんし、子供や家族からすると、相続対象となる親の預貯金がどんどん減っていくのは気持ちの良いものではありません。「ただでさえ少ない資産が減るのは嫌だ」「長男がひきとって親を見るべきではないか」といった家族の問題はさらに先鋭化するでしょう。

また、これからは、ケアマネジャーが高齢者や家族から特養ホームの入所申込みを相談された場合、預貯金の額を聞いて、「あの特養ホームはホテルコストが高い」「ここは安いです」と説明をする必要がでてきます。

結果どうなるのか。

待機者が激増する中で、従来型の特養ホームに希望者が更に殺到し、低所得者にとってはこれまで以上に狭き門となります。

その一方で、毎月20数万円の生活費を余裕で負担することのできる年金額の多い公務員や大企業の元社員、数千万円の預貯金をもつ高齢者や家族は、ホテルコストが高く設定された高級特養ホームに申し込めば、待機者は少なく、すぐに入所できるということになります。富裕層しか入所していない特養ホームが増えるという、考えられないような事態に陥るのです。

厳しい財政難の時に、莫大な社会保障費を投入して金持ち優先の福祉施設を作っている国など、世界広しと言えども、日本以外にどこにもありません。

その結果、自宅で生活できず、特養ホームにも入れない低所得の高齢者は、無届施設に流れていくことになります。ここでも、必要のない介護サービスや医療行為を押し付けられ、莫大な社会保障費が無駄に使われていくのです。

迷走する社会福祉法人

この介護保険と老人福祉が混乱しているという問題は、老人福祉を担う社会福祉法人の迷走にもつながっています。

株式会社の役割は利益を上げることだけではありませんが、一定の利益を確保できない事業は継続することができません。最近は企業の社会貢献が叫ばれるようになっていますが、それは企業の社会的評価の向上、イメージアップという側面が強いものです。株式会社の場合、経営者が利益にならない方針を取ることは、資金提供をしてもらっている株主への背信行為となります。

しかし、利益を見込むことができないものでも、社会の中で必要なサービス・事業はあります。行政サービスや公益性・公共性の高い事業です。

その中で、社会的弱者に対する福祉施策を推進するために特別に設立されたのが、社会福祉法人です。公益性の高い非営利の事業ですから、養護老人ホーム、特養ホームなどの福祉施設の開設には、多額の補助金が支出されており、法人税や固定資産税は非課税とされています。

誤解している人も多いのですが、社会福祉法人は介護サービスを提供する法人として設立されているのではありません。民間の介護サービス事業者では対応できない福祉的な視点が必要なケースに対応するのが社会福祉法人の役割です。

介護保険制度によって、介護サービスは少しずつ充実してきましたが、第一章で述べたように介護虐待、介護拒否、ごみ屋敷の対策など、高齢者を取り巻く福祉課題はいまでも山積しており、どれをとっても、効率的に解決ができるものでも、その解決によって利益がでるようなものでもありません。

社会福祉法人は、営利性を排除し、地域の高齢者すべての最低限の生活、セーフティネットを守る拠点であり、その役割は以前にも増して重要なものとなっています。

しかし、介護保険制度からこの10年の間に、社会福祉法人はその設立理念とはかけ離れたトラブルが目に付くようになってきました。

２００８年、兵庫県で運営中の社会福祉法人が、初めての民事再生法の適用申請を行ったという報道がなされました。この法人では高額の借り入れを行い、介護付有料老人ホームを相次いで新設、加えて、同法人の系列にあった医療福祉コンサルタント会社の連帯保証を行っていたため、資金繰りが悪化、介護報酬が差し押さえられるという事態になりました。

また、２０１０年に鳥取県の社会福祉法人では、法人の副理事長が運営する建築資材会社に資金を貸し付け、その建設資材会社が倒産したため、９億円以上が焦げ付き回収不能となっています。その他、総額で15億円に上る使途不明金があったと言います。

社会福祉法人に莫大な余剰金ができる理由

このように新聞沙汰になる社会福祉法人はほんの一部ですが、最近よく耳にするのが、社会福祉法人に留保されている莫大な余剰金の問題です。現在、社会福祉法人で積み重なった余剰金は、１法人あたり約３億円、全国で総額２兆円に上るとされています。

「何故、社会福祉法人に大きな利益がでるのか」と質問されることがありますが、それは特段不思議なことではありません。単純に、現在の介護保険制度では、社会福祉法人に利益がでる仕組みになっているからです。

例えば、デイサービス事業。「デイサービスは平均で利益率が８％もでている、利益率が高い」と、２０１５年の介護報酬改定で通所介護の介護報酬は引き下げられることになりました。しかし、同じデイサービスでも、社会福祉法人と民間企業とでは経営の基礎が違います。社会福祉法人の行っているデイサービスの場合、開設時の建築費や設備費に補助金が出ていたり、一部車両にも補助金支出や各種団体からの寄付が行われています。事業税や固定資産税も非課税で、自動車税も減免されています。

これに対して、民間企業には、補助金はありませんし、各種税金もかかります。それでも、両者同じ額の介護報酬が支払われているのです。同じ地域、同じ規模のデイサービス事業を行っていても「民間企業の利益率は３％、社会福祉法人は13％で、平均８％」という可能性さえあるのです。

老人福祉施設の団体は、「建物の改修などには一定の余剰金が必要だ」と言いますが、建物設備の改修が必要なのは社会福祉法人だけではありません。また、民間の有料老人ホームとは違い、特養ホームが建て替えや大規模改修をする時には、開設時と同じように別途補助金が支出されますから、制度全体としてみれば、その主張は正しいとは言えません。

厚労省は、この莫大な余剰金に対する批判が高まったために、「余剰金は社会福祉事業、地域公益事業のために使ってもらう」「評議員会や監査法人を導入してチェック体制を強化する」という指針を出しています。

しかし、今でも、余剰金が数億、十数億に達しているにもかかわらず、基準額を超えて高いホテルコストを設定している特養ホーム、社会福祉法人はたくさんあります。

問題の根幹は、民間企業の介護サービス事業との健全な競争を歪め、社会福祉法人に莫大な余剰金が生まれる、制度の構造にあります。しかし、それは見直そうとはしないのです。

また、理事会がその役割を果たしていないために、様々な問題が発生しているのですから、同様のお手盛りの評議員会や監査法人を入れて、それが機能するはずがありません。

そう考えると、この問題に対する厚労省の示した指針の実効性や本気度がわかるでしょう。

福祉利権に群がる公務員・議員

この余剰金問題の本質は、金額の大きさではなく、その使い方です。

社会福祉法人の中には、表面的には余剰金は少なくても、理事長、施設長、事務長などが親族で固められ、他のスタッフよりも高い給与を得ていたり、親族経営のトンネル会社を作って物品購入させ利益を分散させているところもあります。

その背景にあるのが、社会福祉法人に対する公務員の天下りや地方議員の関与です。

社会福祉法人は、誰でも開設できるものではなく、数千万、数億円の公的な補助金の入る認可事業ですから、天下り法人や、国会議員や地方議員及びその関係者が理事を務める法人が有利であることは言うまでもありません。社会福祉法人の設立や補助金に、地元の県議や市議といった特別公務員が群がっているというのは、この業界ではよく知られた話です。

朝日新聞社の調べによると、特養ホームなどを運営する社会福祉法人に対して、２０１３年度だけで２３９人もの幹部職員が再就職していると言います。ただ、この数は47都道府県と20の政令指定都市の67自治体だけで、そのうち5の自治体は公表していません。

この数字は都道府県と政令市だけですし、1年間に天下った人数だけです。政令市以外の市町村でも天下りが行われていますし、議員などの特別公務員やその親族などを含めると、その数は、少なくとも数千人以上の規模になるでしょう。

この社会福祉法人に対する天下りや議員の介入が、どれほど日本の社会保障政策を歪めているのか、３つの視点から述べておきます。

天下り団体には適切な監査指導が行われない

1つは、指導監査が全く機能しないということです。

社会福祉法人は、株式会社などの営利目的の一般法人ではなく、日本の社会福祉の増進のために設立された公益法人です。莫大な税金や社会保障費が投入されているのですから、適正に福祉事業が行われているのか、不正が行われていないか、行政による指導や監査が必要です。

しかし、幹部職員の天下りや地方議員による運営が行われている社会福祉法人には、全くチェック機能が働きません。

ある政令市の社会福祉法人では、40億円を超える余剰金（それだけでもすごいことですが）を理事長が勝手に運用し、数億円以上の莫大な損失を発生させるという事件がありました。

社会福祉法人の余剰金は公益財産ですから、その資産運用は、銀行の定期預金や国債など損失が発生しないリスクのない金融商品に限られています。もちろん制度上も、理事長が勝手に資産を運用することは許されませんし、事務手続き上も、通常は不可能です。また、この資産運用の健全性、不正利用の有無は、監査上、「いの一番」にチェックされる項目で、毎年、残高証明や証書などの原本の提示が求められますから、監査でわからないはずがありません。

しかし、その天下り理事長は、当該政令市の社会保障分野のトップだったこともあってか、莫大な損失が発生するまで全く指導が行われず、長い間、やりたい放題が許されていたのです。

本来、制度を逸脱して、社会福祉法人に対して莫大な損出を与えた理事長は、その損失を個人で負担させるべきですが、そそくさと退任しただけで何のお咎めもありません。どのような流れでそのような不正が行われたのか、資産の一部を私物化していなかったのか、その後どうなったのかという調査も、全く行われていないのです。

また、天下りのポストが足りなくなると、社会福祉法人が元副市長に、何の規定も作らないまま顧問料として毎月数十万円を払っていたという事例もあります。公益法人だという感覚が、完全にマヒし、社会福祉法人の財産を自分達のポケットマネーのように使っているのです。

先に述べた、自分の建設会社に社会福祉法人のお金を流していた法人も地方議員がらみです。その他、親族を理事にして給与を払っていたり、関連会社を通して物品を購入させたり、介護スタッフを関連会社から派遣していたりと、一部の法人では勝手し放題となっています。

一般の株式会社であれば、その損失は社長自らが被ることになりますし、上場会社の場合は、会社に損失を与えた経営陣は、「株主代表訴訟」で損害賠償を求められます。しかし、社会福祉法には、そのような規定はありません。

もちろん、これらの行為は明確に禁止されていますが、何故か指摘も改善もされません。老人福祉と介護保険とのひずみが意図的に作り出され、その一部は完全に利権化してしまい、公益な資産が不正に搾取されても誰も責任を取らなくてよい仕組みになっているのです。

天下りがやる気をそいでいく

2つ目は、介護スタッフなど職員のやる気、士気への影響です。

高齢者介護は、わずかな隙や一瞬のミスが骨折などの重大事故につながる、責任の重い仕事です。しかし、介護業界の基礎収入は介護報酬ですから、すべてのスタッフにその責任に見合った高い給与が支払われているわけではありません。

ただ、マスコミで言われているように「大変なのに、給与が少ない」と一面的な決めつけで切り捨てるのは間違いです。

高齢者介護は、安定性も将来性も高い専門職種です。それは、年功序列で給与が上がっていくようなものではなく、キャリアパスの仕組みで、知識や経験を積んで、介護サービスの主任や課長、施設長と昇進することで、その職能に応じた待遇が得られるものです。

特に、リスクマネジメントやサービス管理を適切に行うことのできる介護ビジネスの中核となるスタッフは絶対的に不足しています。今でも、有能な介護リーダーには、高待遇のヘッドハンティングが行われていますし、施設長やサービス責任者の給与は、他の業種、一般企業と比較してもそれほど低いものではありません。また、経験を積み、将来自分で通所介護などの介護ビジネスを立ち上げることも可能です。高齢者介護のプロの市場価値は、今後、ますます高くなっていくことは間違いありません。

しかし、それを阻害しているのが、天下り公務員や地方議員です。

行政から天下りをする幹部職員は、現場の介護スタッフや相談員として経験を積むことなく、そのほとんどが初めから理事長や施設長、事務長などの管理職におさまります。

天下り施設長が数年勤務して定年を迎えても、入れ替わり立ち代わり当然のようにやってきますから、現場でどれだけ頑張っても施設長や管理職にはなれません。いずれも１０００万円前後と高額所得者で、中には１５００万円だと誇らしげに話す天下り施設長もいます。

介護や福祉の現場を全く知らず、管理能力もトラブル対応力もないのに、高い給与をもらって、新聞を読んだり、はんこを押したりしているだけの天下り施設長のいる事業所で、意欲を持って働き続けるスタッフ・職員がいるでしょうか。

現場で、必死に介護を頑張っている介護スタッフの給与や待遇が上がらないのは、誰の責任でしょうか。彼等を使い捨てにして、その未来を潰しているのは誰でしょうか。

「介護人材育成」「労働条件の改善」などと口では言いながら、一部の政治家や厚労省、地方自治体みずからが、介護の専門性やそのキャリアパスを、真っ向から否定しているのです。

「全体の一部だ」という人もいますが、1年間に数百人、全体で数千人以上もの天下りがあるのであれば、決して一部だとは言えません。彼らに支払われている給与だけで、年間、数百億円をゆうに超えるのです。

天下りでサービスの質も低下

もう1つは、地域の老人福祉のレベルの劣化です。

特養ホームの施設長は、専門性の高い仕事です。

介護事故や入所者のトラブル対応、サービスの質の向上など、たくさんの課題に取り組まなければなりません。虐待や暴力など、緊急性を伴う難しい福祉的な課題には、警察や行政機関とも連携して、施設長が率先して動かなければならないこともあります。加えて、人事や財務といったマネジメント能力も求められます。

理事長や施設長に就く人には、社会福祉士や介護福祉士などの介護・福祉関連資格だけでなく、豊富な経験や知識、技術が求められるのが当然です。

　しかし、お役所仕事で天下ってきた人は、その専門的な能力や知識どころか、老人福祉推進に対する熱意さえありません。スタッフに対して指導もできませんから、困難なケースは見捨てられ、その地域の福祉力は低下し、セーフティネットの穴はどんどん大きく深くなっていきます。

　中には、入所者に対して虐待が行われていたケースもあります。

　２０１２年、和歌山県のある社会福祉法人で、複数の職員が認知症の高齢者に対して、入浴時に冷たい水をかけたり、バカにしたり、暴言を浴びせる、怒鳴りつけるなど虐待を行っている様子が、隠し撮りされ、報道機関に送りつけられるということがありました。


述べたように介護虐待は大きく２つに分けられます。

　１つは、スタッフが自分のストレスを発散するために、２人きりになった時に入所者を抓《つね》ったり、叩いたりするもの。もう１つは、そのスタッフ全員が暴言や劣悪なサービスに慣れ切ってしまっている状態です。前者は個人の犯罪ですが、後者は経営者、管理者の責任です。

　この法人は、市の運営する社会福祉法人で、その理事長は副市長が兼務していたのです。その理事長は、この明らかな虐待に対して、「虐待ではなく、入所者を静かにさせるためのやりとり」としています。この理事長にしてこのスタッフ、このサービス……と言わざるを得ません。

言い換えれば、この理事長のレベルが、その市の人権意識、老人福祉のレベルなのです。

老人福祉を隠れ蓑にした深い闇

もちろん、これは社会福祉法人全体の問題ではありません。

述べたように、社会福祉、老人福祉の本来の役割である「要福祉ケース」への対応は、利益を生むようなものではありません。社会福祉士や福祉関係者が理事長や施設長を務める、困難ケースに必死で対応している法人は、経営的には厳しいものです。

また、複合的な福祉課題を持つ高齢者、家族への対応はそう簡単なものではありません。社会福祉に携わる生活相談スタッフは、人間の哀しさや弱さが渦巻く厳しい環境の中で、制度のひずみに落ち込んでいく高齢者のために、心が折れそうになりながら、必死に戦っています。

その一方で、天下りや議員がらみの社会福祉法人は、特養ホームや利益のでる関連事業を優先的に受託し、十数億、数十億の莫大な余剰金を生んでいるのです。

超高齢社会に向けて人材も財源も足りない、というきびしい時代の中で、それでも自治体はこの天下りを辞めようとしませんし、厚労省もそれを止めようとしません。表の顔では「社会保障費が足りない」「介護スタッフの給与が低い」「福祉の充実が必要」と、社会保障を政治の道具としてきた人達が、その陰でどんな利権を得て、どんな不正なことをしているのかを見れば、この老人福祉を隠れ蓑にした深い闇が見えてくるでしょう。

第四章　高齢者の住まいをどのように整備していくのか

ここまで、高齢者住宅が抱える問題について整理してきました。

無届施設だけでなく、「有料老人ホーム」「サービス付き高齢者向け住宅」という高齢者住宅関連制度、更には、特養ホームやその運営を担う社会福祉法人も含めて、高齢者の施設、住宅制度全体が、大きく混乱しているということがわかります。

今後、都市部を中心に、自宅で暮らせない、行き場のない要介護高齢者が激増します。

このまま放置すれば、制度間の矛盾はさらに広がり、優良な高齢者住宅は衰退し、劣悪な環境に高齢者を押しこめ、社会保障費の搾取を続ける闇の貧困ビジネスや福祉利権だけが潤うことになります。

とはいえ、ここまで広がった「高齢者施設、高齢者住宅」のひずみは、「無届施設は届け出ましょう」「社会福祉法人の余剰金は福祉のために使いましょう」といった掛け声で解決できるような小さなものではありません。高齢者の住宅対策だけでなく、介護対策、福祉対策、低所得者対策を総合的に見直す必要があるのです。

この10年～20年の間に遭遇する、団塊世代の後期高齢化、高齢世帯の激増、少子化による労働者人口の減少という大きな変化の中で、「財政悪化、経済の低成長、社会保障の増加」という巨大な壁に立ち向かうためには、限られた財源、人材を、どうすれば、公平、公正で、効率的、効果的に活用できるのかを、知恵をしぼって真剣に考え、早急にその対策を立てていかなければなりません。

この章では、高齢者の安定した住まいの確保や不正防止など、検討すべき施策について、以下の6つの視点に分けて考えます。

視点Ⅰ　高齢者住宅に対する指導監査の見直し
視点Ⅱ　高齢者住宅に適用される介護報酬の見直し
視点Ⅲ　社会福祉法人の役割の見直し
視点Ⅳ　特別養護老人ホームの役割と対象者の見直し
視点Ⅴ　ショート、ミドルステイの強化
視点Ⅵ　低所得者対策と自己負担の見直し

視点Ⅰ　高齢者住宅に対する指導監査の見直し

まず重要になるのは、届け出、指導監査の徹底です。

国も地方自治体も責任のなすりつけ合いで、その間にも劣悪な環境の無届施設が増加しています。違法な身体拘束や介護虐待とおぼしき痛ましい事件、インフルエンザやノロウイルスで何十人もの高齢者が亡くなったという信じられない事例がニュースになっても、その事業所だけを対象に、一時的、表面的な監査・指導を行うだけでは意味がありません。

行政が指導力を強化するための、５つのポイントを挙げます。

①届け出の徹底

１つは、無届施設の調査、届け出の徹底です。

虐待やトラブルが発生した時に、市町村の担当者から、「有料老人ホームかどうか判断が分かれる」と聞かされることがあります。しかし、その判断をするのが行政の仕事です。事業者とは意見が異なっても、入居者保護が大原則なのですから、それぞれの市町村で判断し、迅速に届け出するよう指導すれば良いだけのことです。逆に、無届施設ではないかと言われているものに対して、「届け出の必要なし」とするのであれば、国や自治体の責任で、その入居者を保護しなくてよい理由を明確に示す必要があります。

「届け出してもらわなければどうしようもない」という言葉にも首を傾げざるを得ません。

言うまでもなく、あれこれと理由をつけて届け出しないような事業者にこそ、積極的に立ち入り調査をし、厳しく監査、指導を行わなければなりません。入居高齢者がどのような生活環境に置かれているのか全くわからず、生命や財産が脅かされる事態が頻発しているのですから、「届け出してもらうよう粘り強く交渉を続ける」といった悠長な話ではありません。

有料老人ホームの届け出は法的な義務ですから、これに従わない場合、老人福祉法第38条に基づく罰則規定（罰金30万円）があります。更に、事業者の名前を公表し、周囲の医療機関や介護サービス事業者、ケアマネジャーに周知徹底することや、新規入居者受入の停止、関連する介護サービス事業者、居宅支援事業所（ケアマネジャー）の指定取り消しなども含め、強い態度で取り組むべきです。

これは、「半年以内」「1年以内」と期間を区切って早急に行わなければなりません。

無届施設は、利益率の高い脱法ビジネスですから、「どこに、どれだけあるのかわからない」という現状を早急に改善し、今ある無届施設をゼロにするというところからスタートしなければ、対策は一歩も先に進みません。

②統一された明確な基本指針の設定

2つ目は、国や各自治体での基準の策定、見直しです。

厚労省は、2015年7月に有料老人ホーム設置運営標準指導指針の改定を行いました。その中で、「サ高住も老人福祉法上の有料老人ホームの1つなので、この指針に従って、必要に応じて適切に指導監査してください……」と地方自治体に指示をしています。しかし、それぞれバラバラの基準で計画、建設、運営されてきたこれまでの経緯を考えても、無届施設の現状を見ても、いまさら1つの指針だけで、指導や監査ができるはずがありません。

現状の混乱を整理し、効果的に指導・監査を行うためには、無届施設、有料老人ホーム、サ高住含め、すべての高齢者住宅事業者が最低限遵守すべき「基本指針」と、高齢者住宅として相応しい「推奨指針」という2段階の基準・指針を定めるべきだと考えています。

基本指針は、生命や財産に危害が及ぶ異常事態を回避するための指針です。身体拘束の禁止や防災対策、感染症・食中毒対策、骨折事故などの行政への連絡報告義務、情報開示に関わることを定めます。これは国が策定すべきものです。この基準に合致しない施設は、入居者の最低限の安全さえ担保できないのですから、期間を区切って閉鎖させるべきです。

この基本指針を土台として、各自治体が地域の事情に合わせて推奨指針を作成し、指導監査を通じて、高齢者住宅として推奨されるレベルに引き上げるのが効果的です。

個室であることを前提としても、部屋の広さや廊下幅等を厳格に規定すると、それだけ高額なものとなります。要介護高齢者が安全快適に生活する上で、どういう視点が必要か、どういうものが推奨されるのかを、ポイントを絞って明確にすることが必要です。

また、どの高齢者住宅事業者が、どの程度推奨事項に合致しているのかを一覧にして公表すれば、ケアマネジャーや高齢者の家族にとって、高齢者住宅を選択する際の助けになります。

③介護保険の適正な運用を指導

３点目は、介護保険や医療保険の不正利用に対する監査の強化です。

介護保険の不正請求を行っている無届施設のケアプランは特徴的です。アセスメントや目標設定が、要介護別にコピー＆ペーストでつくられており、中には、対象者本人の状態と全く違うというものさえあります。その上、同一法人の介護サービスの押し付け、３６５日、毎日決まった時間に決まった介護サービス、一律に限度額一杯まで利用させているなど、並べてみれば、その異常性は一目でわかるものばかりです。

併設されている介護サービス事業所にも、同じような不正の特徴がみられます。

訪問介護サービスを例に挙げると、区分支給限度額方式で「30分の身体介護」として算定している場合、その介助時間を遵守しなければなりません。移動時間がないとしても、１時間に２人しか介助できません。

しかし、その勤務実態を見ると、必要な介護サービス量と比較して、ホームヘルパーの数が明

入居者の生命・財産に関わる事項	◆火災・自然災害にかかる事項(防災設備・訓練) ◆感染症・食中毒にかかる事項(予防対策・報告義務) ◆骨折など重大事故に対する報告書策定、報告義務 ◆介護虐待や身体拘束への対策、報告義務 ◆入居者の財産を預かる場合の指針、報告
契約に関わる事項	◆契約書・重要事項説明書の策定、締結義務 (建物設備、居住権、サービス内容、スタッフ配置、費用) ◆契約書の提出、報告義務 ◆重要事項に基づく説明、虚偽や曖昧な説明の禁止
経営の安定に関わる事項	◆介護保険の適正な運用に関する事項 ◆入居一時金の管理、保全に関する事項
情報開示に関わる事項	◆開示すべき情報、行政に報告すべき情報

表　共通した基本指針の策定　例

□ アセスメントや短期長期目標の内容が正確でなく、特記も少ない。
□ ほとんどすべての入居者が同一法人のサービスしか利用していない。
□ ほとんどすべての入居者が区分支給限度額一杯まで利用している。
□ 入居者の１週間の週間行動計画が、ほぼ毎日同じ。
□ ケアカンファレンスが適切に行われている気配がない。
□ ケアプラン基づいて、適切に介護サービスが行われているか確認していない。

表　不適切なケアプランの特徴

らかに少ないことがわかります。

また、多くの事業所で、ホームヘルパーはケアプランに示された内容と全く違う動きをしています。本来、それぞれのホームヘルパーが訪問介護サービス終了後に記入し、ケアマネジャーに提出する「サービス実施記録」も、経営者や事務員が一斉に記入し、ホームヘルパーの印鑑を使って偽造しているところもあります。

このような不正を見破ることは、特段難しいことではありません。立入調査に入る前に、その入居者全員のケアプランや実施記録、サービス提供報告書、勤務表などの関連書類を照らし合わせるだけで、明らかに異常だと気付きます。

介護保険制度の基礎は、ケアマネジメントです。指導監査において、書類上不備が

- □ 実際に必要なサービスと比較して、明らかにホームヘルパー数が足りない。
- □ ケアプランに示された内容と、実際のホームヘルパーの動きが全く違う。
- □ ホームヘルパーが、ケアプランに示された目標や内容、時間を知らない。
- □ ホームヘルパーが、サービス終了後にサービス実施報告書を策定していない。
- □ モニタリングやサービス評価記録などが、適切に策定されていない。

表　不適切な介護サービスの特徴（訪問介護）

なければOKと言うものではなく、「どうしてこのケアプランを作ったのか」「これが最適のケアプランだと言えるのか」というその根拠を、ケアマネジャーに対して問うべきです。

訪問介護も同様で、ホームヘルパーに聞き取りをすれば、日々どのような介助を行っているか、すぐにわかるはずです。国も自治体も「社会保障費の増大は避けられない」「消費税の増税が……」などと言っているにもかかわらず、不正利用に対しての取り組みが、あまりにも杜撰すぎます。

④きちんとした手続きで開設を

もう1つのポイントは、開設時に、一定の指導や監査を行うことです。

無届施設だけでなく、現在のサ高住においても、その開設にあたって最低限の協議や基本的な指導さえ行われていないため、どのような高齢者住宅ができるかわかりません。そのため、登録されたサ高住でも玉石混淆となっているのが実体です。

高齢者住宅は、単なる利用するサービスではなく、生活の根幹となる住宅サービスです。いったん開設されて入居者が入ってしまえば、「追い出されれば行き場がない」と高齢者が人質になってしまい、不正に対する厳しい指導や監査が難しくなります。

これを避けるためには、「とにかく劣悪な事業者は開設させない」という仕組みが必要です。有料老人ホーム、サ高住といった制度の垣根を撤廃し、各自治体で一本化した推奨基準を策定し、新規開設に当たっては、事前協議や届け出を徹底させなければなりません。

収支体制をチェックし、どんぶり勘定をやめさせる

開設指導で特に重要なのが、事業計画、収支体制のチェックです。

補助金を使って作られたサ高住においても、「併設の介護サービスや医療サービスをたくさん使ってもらい、それを前提に家賃や食費を安くする」という、いわゆる「どんぶり勘定」の商品設計が数多く見られます。それが介護保険や医療保険の不正請求の下地となっています。

これを防ぐためには、事業計画や収支計画において、「住宅サービス」「食事サービス」「介護看護サービス」「その他サービス」を分離させた、収支構造の組立を行わなければなりません。「住宅サービス」は、土地や建築費用から適切な家賃や管理費を算出するものですし、「食事サービス」の対価である食費は、調理費や食材の原価から割り出されるものです。入居者が介護保険や医療保険を利用しなくても、一定の高齢者が入居すれば、「住宅サービス」「食事サービス」の収支は確保されるというのが、高齢者住宅ビジネスの基本です。

自己負担であるべき家賃や食費まで、介護保険に押し付けることが前提となっているような、

収支計画、収支構造の高齢者住宅は、開設させてはいけないのです。

⑤高齢者住宅相談支援センターの設立を

もう1つ重要になるのは、継続的、専門的に指導、監査、支援を行うシステムの構築です。

一定の基準に基づいて開設された有料老人ホームであっても、経営の自由度というものが重視されるため、サービス内容や経営体質もバラバラです。特養ホーム等の施設と違って、チェックリストを片手に、画一的に監査や指導ができるほど簡単なものではありません。

入居者への虐待や身体拘束など、大きな問題が見つかった事業者には、サービス向上や経営改善も含めた、長期的、継続的、専門的な指導監査が必要になります。しかし、行政の担当者は、数年で転勤になりますし、数年に一度の、事前通知による型どおりの監査では、対応できません。

それを行う機構として、「高齢者住宅相談支援センター」の設立を提唱しています。

その役割は、指導監査だけではありません。

1つは、入居相談、入居斡旋です。

高齢者住宅の商品性は多様化していますから、高齢者や家族が、そのニーズに合致した高齢者住宅を選ぶことは容易ではありません。ケアマネジャーや病院のソーシャルワーカーが紹介するケースもあるようですが、個々のケアマネジャーが、それぞれのサービス内容や価格を全て理解することは難しいですし、「ケアマネジャーの紹介だったから安心していた」「聞いたサービスと

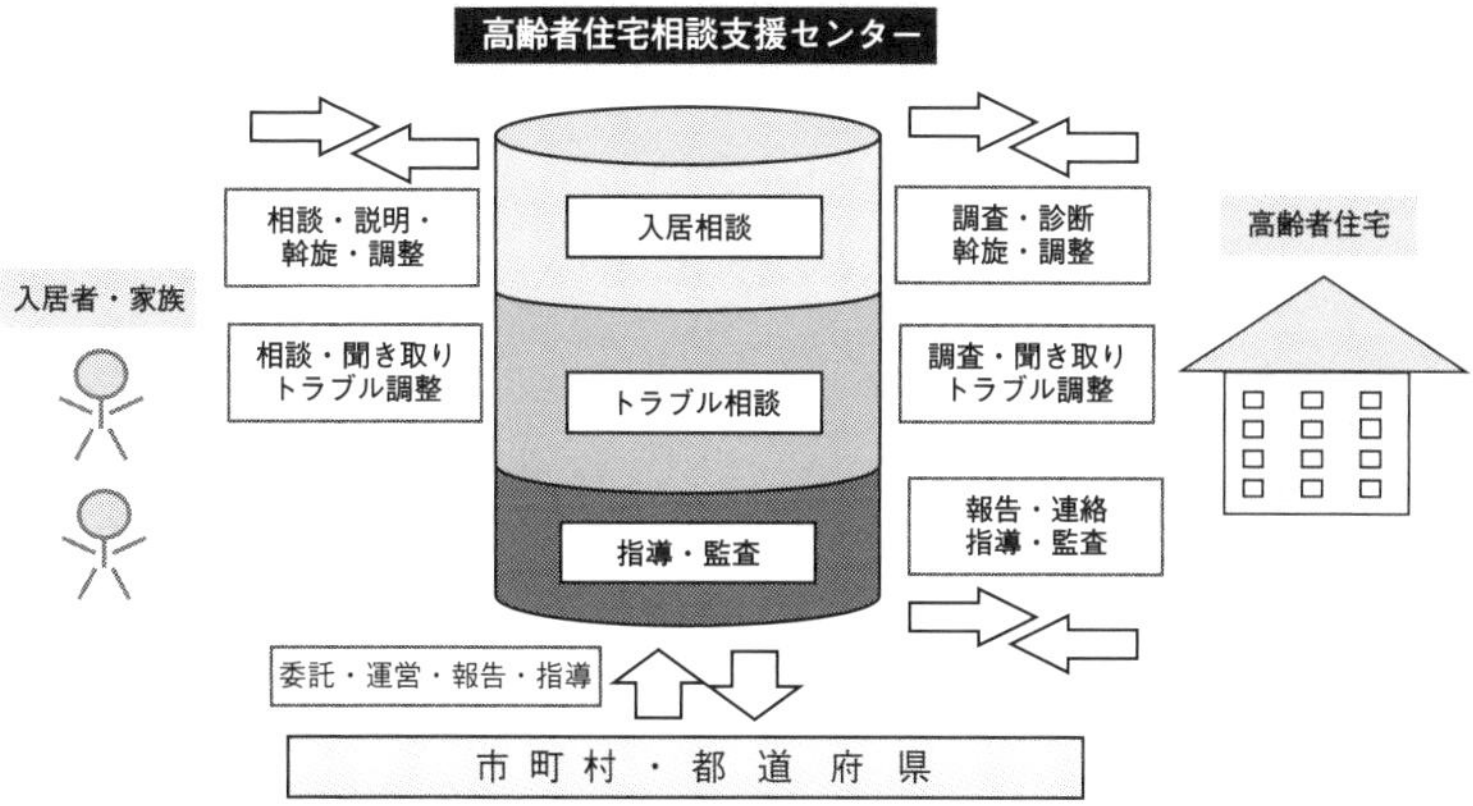

図　高齢者住宅相談支援センターの役割

違う」「紹介料をもらっているらしい」といったトラブルも発生しています。

最近では、高齢者住宅への入居斡旋も行う不動産業者も増えていますが、その相談に適切に対応するためには、不動産や建物の知識だけでなく、高齢者の生活や要介護状態、疾病などへの対応力など、介護や医療に関する専門的な知識が必要になります。また、建物や設備などのハードだけでなく、介護や看護、生活相談などのソフトや入居後のリスクを含めた丁寧な説明が求められます。そのため現行の宅建業法の枠組みだけで対応することは難しいと考えています。

もう1つは、クレームやトラブル対応です。

高齢者住宅では、入居後の介護事故や利用料の値上げ、途中退去など、契約内容やサービスの質を巡って様々なトラブルが発生しています。

高齢者住宅は、スタッフや入居者が限定される閉鎖的な空間であることに加え、「お世話になっている」「出ていく先がない」という意識から、疑問や不満があっても、入居者や家族から苦情や意見が言い難いという特徴があります。その一方で、モンスターペイシェントやモンスターペアレントといった暴走する権利意識も社会問題となっており、今後、高齢者住宅でもその調整機関は必要になります。

これらのクレームやトラブルに対して、第三者が聞き取り、専門的な立場からそれを評価し、改善や解決を促す仕組みができれば、入居者、家族だけでなく、事業者にとっても安心です。「入所入居相談」「トラブル相談」「継続的な指導監査」を一体的に行うことができれば、単発的な指導監査だけでなく、その経営状態やサービス内容について、チェックすることができます。

高齢者住宅産業の健全な育成のためには、公平な競争が不可欠であり、そのためには、横断的、かつ統一性をもった制度設計と超高齢社会に不可欠な住宅インフラとしてそれを維持していくだけのシステムが必要です。

視点Ⅱ　高齢者住宅に適用される介護報酬の見直し

問題を解決する2つ目のポイントは、高齢者住宅に適用される介護報酬の統一です。

少し専門的な話になりますが、現在の介護報酬と高齢者住宅の関係、及びその課題について整理するとともに、その報酬体系のあるべき方向性について考えます。

直接介助	定期介助	排泄、食事、入浴など、定期的・個別の介助
	臨時のケア	体調変化などによって必要となる臨時のケア
	隙間のケア	移乗、移動など、短時間のケア
間接介助	状態把握・観察	急変・事故予防のための状態把握、様子観察
	見守り・声かけ	危険回避のための見守り、注意喚起、声かけ
	定期巡回	急変等の早期発見のための見回り、巡回
随時緊急対応	コール対応	入居者からの緊急・随時の依頼、連絡への対応
	緊急対応	急変時、事故発生・発見時の初期対応、緊急対応

図　高齢者住宅で必要となる介助項目　一覧

まず、現在の高齢者住宅に対する介護保険適用について、２つの課題を挙げます。

課題①　介護報酬が適切に算定されていない

１つは、述べたように介護報酬が適正に算定されていないということです。

高齢者住宅で行われる介護、介助は、一般的には、「排泄介助」「食事介助」「入浴介助」などがイメージされるでしょうが、それだけではありません。要介護高齢者が、高齢者住宅で安心して生活するために、必要な介護・介助や、関連動作をまとめたものが上の図です。

直接介助とは、要介護高齢者に直接触れておこなう介助です。ケアプランでは排泄介助、食事介助、入浴介助などの定期介助が指定されています。その他に、お腹の調子が悪く便が出たのでオムツを変えてほしい、汗で着替えたい、といった体調変化で必要となる臨時のケアや、車いすからベッドへの移乗介助、背中が痛いので起こしてほしい、テ

	介助項目	訪問介護	特定施設
直接介助	定期介助	○	○
	臨時のケア	△	○
	隙間のケア	×	○
間接介助	状態把握・観察	×	○
	見守り・声かけ	×	○
	定期巡回	×	○
緊急対応	コール対応	×	○
	緊急対応	△	○

表　高齢者住宅での介助項目と介護保険適用の可否

レビを点けてほしい、電気を消してほしいといったごく短時間の隙間のケアがあります。

間接介助は、高齢者の身体に直接触れないでおこなう介助です。日々の状況把握や様子観察、食事中に誤嚥や窒息がないかの見守り、転倒や転落などの注意喚起、服薬確認などの声かけ、夜間などの定期巡回などが挙げられます。

随時緊急対応は、スタッフコールへの随時対応、急変時、事故発生時、発見時の初期対応、救急対応です。高齢者は疾病による脳梗塞や心筋梗塞などの状態の急激な変化、転倒や誤嚥などの事故が多くなりますから、これも重要なケアです。

高齢者住宅に入居する高齢者は、自宅で生活する以上の高い安心を求めていますし、事業者も「介護が必要になっても安心」と標榜しています。「見守りしません」「隙間のケアには対応できません」「コール対応できません」ということでは、高齢者住宅に入居する意味がありません。

ここでポイントとなるのが、これらさまざまな介護・介助サービスの内、どこまで介護保険が対応しているのかです。

表の通り、介護付有料老人ホームに適用される特定施設入居者生活介護は、臨時のケア、隙間のケア、間接介助、緊急対応など、そのすべてを介護報酬内に含んでいます。特養ホームや老健施設も同じです。

一方の、区分支給限度額方式によって提供される通常の訪問介護の場合、介護保険の適用となるのは、基本的に事前のケアプランで示された定期介助のみです。臨時のケアも緊急対応も、ケアマネジャーの指示がなければ算定対象とはなりません。隙間のケア、間接介助や定期巡回、コール対応は、介護保険の算定対象外です。

特定施設入居者生活介護の介護スタッフと、区分支給限度額方式で訪問介護を行うホームヘルパーとでは、その動きも基本的に違います。

特定施設入居者生活介護の場合、包括算定ですから、厳密に介助時間が定められているわけではありません。オムツ介助などは10～15分程度で終了しますし、他の入居者からのコールや隙間のケアなどにも臨機応変に対応できます。

これに対して、区分支給限度額方式の訪問介護の場合、「30分身体介護」をケアマネジャーが策定したのであれば、その高齢者の介護保険を使って提供されている専属の介護時間ですから、ホームヘルパーがそこに30分常駐するのが基本です。早く介助が終わっても、他の入居者からコールで呼ばれても、その場を離れることはできません。

そのため、間接介助や隙間のケア、随時緊急対応を行うためには、訪問介護として働くホームヘルパー以外に、それ専門のスタッフを確保する必要があります。

「訪問介護の手待ち時間に対応する」という事業所がありますが、臨時のケアや随時緊急対応は、手待ち時間だけに発生するものではありません。「介護保険対象外の臨時のケア、隙間のケア、見守りなどのサービスも無料で対応している」という事業者もありますが、ボランティアでない限り、入居者からその対象外の費用を自費で受け取らないと経営できないはずのものです。

こういった事情を考え合わせると、本来、介護保険の対象とならない介護、介助が多いのですから区分支給限度額方式を算定する高齢者住宅において、低価格で適切な介護サービスを提供することはできないのです。厳しく見ていくと無届施設だけでなく、低価格のサ高住、住宅型有料老人ホームを含め、広範囲に、不正、または不適切な介護報酬の算定が行われているということになるでしょう。

課題② 同じ介護度でも受け取る介護報酬に差

もう1つの課題は、同じ「要介護3」が高齢者住宅に入居しても、その介護保険法上の類型によって、受け取る介護報酬が違ってくるということです。

例えば、特養ホームと老健施設では、制度上、その施設の役割や対象者が違います。それに応じて職員配置基準も違いますから、介護報酬の単価が違うのは当然です。

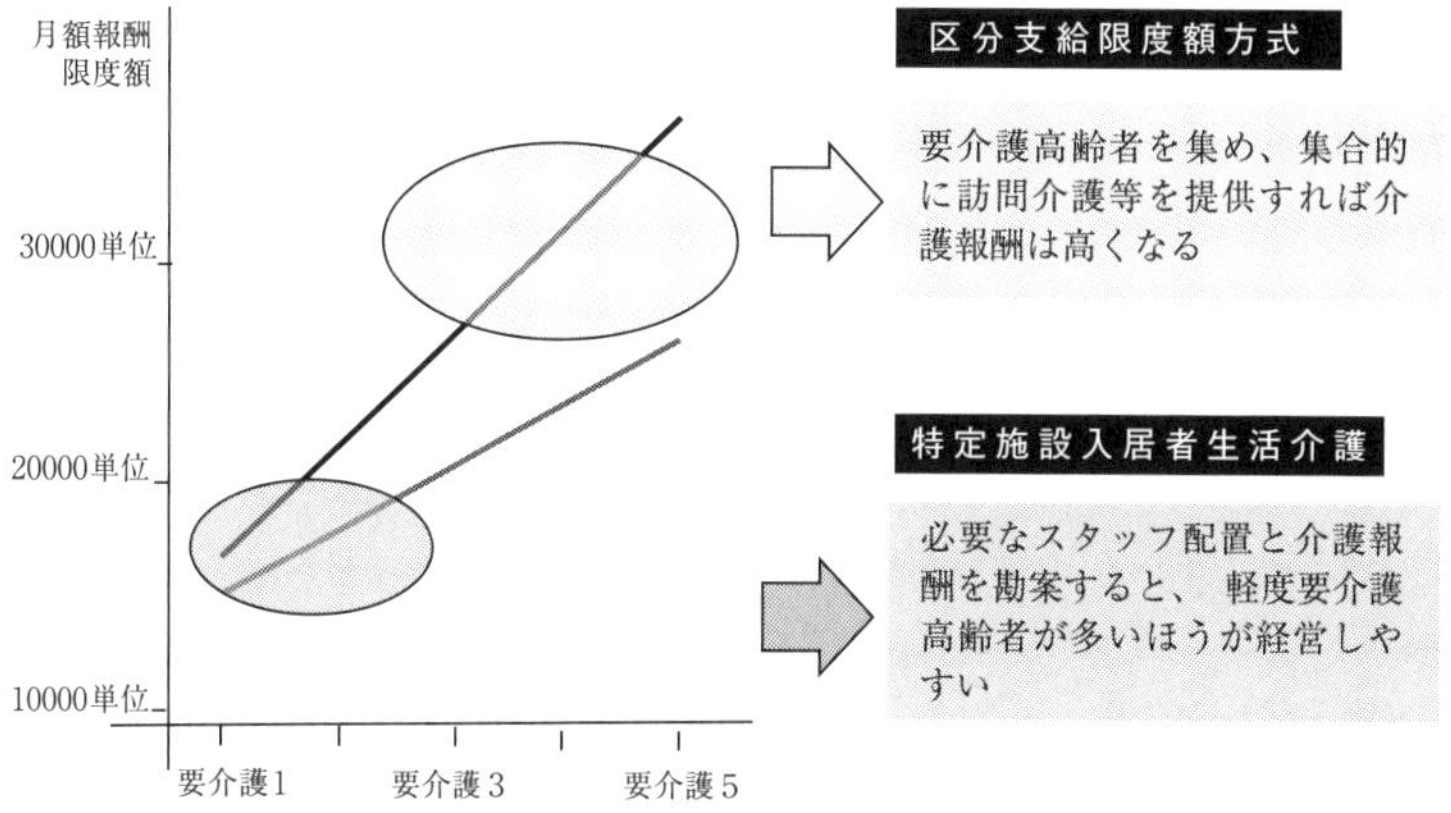

月額報酬
限度額
30000単位
20000単位
10000単位
要介護1
要介護3
要介護5
区分支給限度額方式
要介護高齢者を集め、集合的に訪問介護等を提供すれば介護報酬は高くなる
特定施設入居者生活介護
必要なスタッフ配置と介護報酬を勘案すると、軽度要介護高齢者が多いほうが経営しやすい

図　高齢者住宅に適用される介護保険の課題

しかし、「介護が必要だから」と高齢者住宅に入居して、介護保険法上の類型によって提供される介護サービスの内容が違う、事業者が受け取る介護報酬が違うというのは、好ましい状態ではありません。

介護保険財政の視点から見ても、高齢者住宅に対する２つの報酬体系の違いが、介護保険の非効率な運用、財政悪化に大きく関わっています。

介護付有料老人ホームに適用される特定施設入居者生活介護は、移動時間などが必要なく、効率的、効果的に介護サービスが提供できるために、介護報酬が低く設定されています。また、臨時のケアや隙間のケア、緊急対応等に対して臨機応変に対応できるため、重度要介護高齢者に適した報酬体系だと言えます。

しかし、要介護１と要介護５の高齢者に必要な介護サービス量を比較すると、本来、２倍～３倍となるにもかかわらず、実際の報酬単価の差は、要介護１（１万５９９０単位）と要介護５（２万３９４０単位）と、１・５倍程度しかありません。事業者の視点から必要なサービス量と介護報酬による収入を比較すると、軽度要介護高齢者が多い方が経営しやすくなります。

これに対して、区分支給限度額方式のサ高住や無届施設等では、要介護3以上の重度要介護高齢者に入居してもらい、同一、関連法人で訪問介護のサービス事業所を併設し、一体的、集団的に、限度額一杯までこれを利用してもらえれば、たくさんの利益を得られることになります。

第一章で述べたように、本来、高齢者住宅が増えると、効果的に介護サービスを提供することが可能で、それが効率的な財政運用にもつながるはずです。しかし、このように介護報酬の算定方法に矛盾があるために、高齢者住宅事業者からすれば、「どうすれば最も多くの介護報酬が得られるか」という話にしかなりません。その結果、「高齢者住宅の増加は、介護保険財政悪化の要因だ」というその正反対の状態になっているのです。

厚労省は、これに対して、介護報酬の改定の中で、「高齢者住宅に対する併設した介護サービス（訪問介護や通所介護）は、介護報酬を10％減額する」としています。

しかし、1回1回の介護サービスの報酬が減ったところで全体の区分支給限度額は変りませんし、そもそも適切に算定されていないのですから、不正のジグゾーパズルのピース、つまり書類上の訪問介護の回数が増えるだけで、まったく意味がありません。

介護ビジネスは、公的な社会保障制度、介護保険制度を使って、営利目的に事業を行うという特殊なものです。事業者の不正や不適切な運用に問題があることは言うまでもありませんが、その基礎となる介護報酬の設定自体が、高齢者住宅という商品を設計する上で不適格なのです。

ケアマネジメントの専門性・独立性を高める

では、どのようにこれらの問題を解決していくのか。その修正ポイントは２つあります。

１つは、ケアマネジメントの独立性の強化です。

介護保険制度で、介護認定調査・医師意見書を元に、「どの程度の介護サービス量が必要か」を判断するのは介護認定審査会です。ここで要介護状態を、必要となる介護時間に合わせて８つの段階（自立〜要介護５）に分類、認定します。

ただし「要介護３」と認定されても、その人の生活環境、要介護状態、直面する課題、本人の希望などによって、「どうすれば最も安心・快適に生活できるか」「そのためにどのような介護サービスが必要になるのか」は違います。

その個別ニーズに合わせて生活改善の計画を策定するのがケアマネジャーです。その計画書をケアプラン、その支援全般の総称をケアマネジメントと言います。

勘違いしている人も多いのですが、ケアマネジメントは、介護サービスを機械的に当て込む作業ではありません。

ケアマネジャーは、「どうすればその要介護高齢者が最も、安全、快適に、その人らしく生活できるか」を、ひとりひとりの生活環境に合わせて考える専門職です。入居者の身体状況や生活

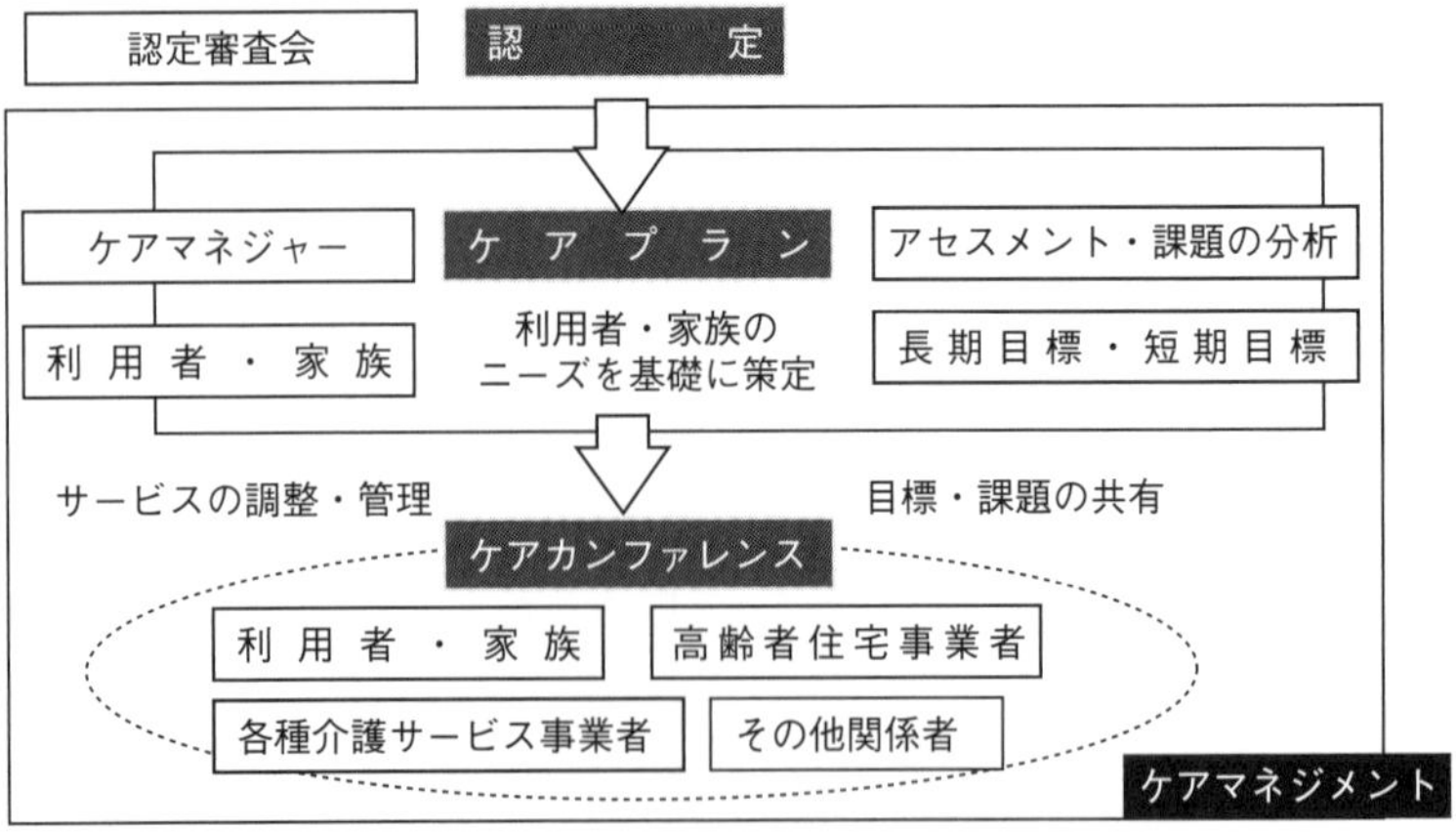

図　ケアマネジメント・ケアプランの役割

上の課題を分析し、高齢者や家族の希望を聞きながら、長期目標、短期目標を設定します。その上で、その目標を達成するために、「介護、看護、リハビリ」、「訪問サービス、通所サービス、短期入所サービス」など、さまざまな介護サービスを組み合わせて、ケアプランを作っていきます。そこには高齢者住宅事業者のサービスや役割、高齢者本人や家族へのアドバイスも含まれます。

　ケアマネジャーが策定したケアプランを原案に家族や高齢者住宅事業者、各介護サービス事業所など、その高齢者の生活に関わる全関係者で話し合い（ケアカンファレンス）を行い、ケアプランの目的や生活課題、事故リスクなどの注意点を共有します。また、プラン通りに適切なサービスが提供されているのか、目標がどの程度達成されているのかをモニタリングするのも大切な仕事です。

　このケアマネジャーになるためには、医療や介護関連資格及び、高齢者介護業界での5年以上の実務経験が必要です。その上で試験に合格し、必要な研修を受講しなければなりません。

しかし、すべてのケアマネジャーが、その専門的な能力を発揮できているかというと、そうではありません。述べてきたように、「単一サービスの押し付け」「区分支給限度額の全額利用」「サービス不正の見逃し」などが横行しています。

その理由は簡単です。

ケアマネジメントに対する介護報酬があまりにも低く、業務の独立性を保てないからです。あるケアマネジャーと話をしたさい、会社の社長から「ケアマネの仕事は、うちの訪問介護や通所介護を限度額まで利用させることだ」と指示されると聞いたことがあります。これは決してごく一部の事業者の話ではありません。収入的に同一法人で運営している訪問介護や通所介護に依存せざるを得ないため、「劣悪な併設サービスの押し売り営業マン」になるしかないのです。

この会社の方針自体が大きな問題とはいえ、ケアマネジメントは介護保険制度の根幹ですから、ケアマネジャーに対する報酬を上げないと、いつまでも不正なこの「囲い込み」と呼ばれる問題はなくなりません。

ケアマネジャーが経営的に独立するために、支払われる介護報酬を現在の1・5倍にしたとしても、金額は利用者1人当たり5000円程度です。

経営的に、ケアマネジメントが介護サービスと分離できれば、不必要な介護サービスだけでなく、不必要な医療に対してもチェックを行うことができます。その数倍、数十倍の無駄な介護保険、医療保険削減効果があるはずです。その専門性を十分に評価した上で、不正が行われていないか、その役割が果たされているか、厳しくチェックすれば良いのです。

介護報酬の改定で、「特定事業者の介護サービスばかり集中的に使っているケアマネジャーは減算する」という方針がだされていますが、1人あたりの減算額は2000円程度ですし、他方、集中利用によって得ることのできる報酬は数万円～十数万円です。

このような罰則規定だけではケアマネジャーの意欲を削ぐだけで、まったく意味がありません。会社からは「減算になっても良いので、今のまま集中的に使え」と言われるだけです。

その専門性を評価し、独立性を高め、「入居者の視点に立ったケアマネジャーになりたい」という人を増やすような政策を実行しないかぎり、この問題は解決しないのです。

適用される報酬体系の統一を

もう1つの修正点は、高齢者住宅に対する介護保険の報酬体系の抜本的な見直しです。

本書では、ここまで高齢者住宅に適用される介護報酬として、特定施設入居者生活介護と区分支給限度額方式の2つを挙げました。無届施設を含め、現在、運営されている高齢者住宅の大半はそのどちらかですが、それ以外にも2つあり、合計で4種類（類型）になります。

しかし、類型によって対象が変わるわけではありませんから、事業者にとっては「どの類型が一番得だ、どっちが損だ」という話にしかなりません。

また、高齢者住宅の特性やその社会的役割を考えれば、介護保険施設を真似た特定施設入居者生活介護や、自宅に対する報酬そのままの区分支給限度額方式といった制度、介護報酬では対応しきれないのも当然です。

そこで、高齢者住宅事業の特性に合わせた、報酬体系の抜本的な見直し、統一が必要となると考えています。以下の４つのポイントに合わせて整理します。

① 介護サービスに対する高齢者住宅の責任の明確化
② 高齢者住宅内での生活や介護サービスの特性に合わせた報酬体系
③ 個別ニーズにできる限り対応できる報酬体系
④ 上乗せ介護費の算定を意識した報酬体系

住宅内で行われる介護サービスはどうあるべきか

１つ目は、介護サービスに対する高齢者住宅の責任の明確化です。

特定施設入居者生活介護の指定を受けた介護付有料老人ホームでは、高齢者住宅の責任で、直接介護サービスが提供されています。

一方の区分支給限度額方式の場合、介護サービスの提供は、外部サービス事業者と入居者との個別契約で、高齢者住宅事業者は全く関与しないため、その責任も役割も曖昧です。

例えば、サ高住は、生活相談サービスの提供が義務付けられていますが、この相談員がケアマネジメントに対してどのような役割を果たすのか明確ではありません。また、併設されている訪問介護サービス事業者や、居宅支援事業所（ケアマネジャーの事務所）が閉鎖や廃止された場合、その代わりを誰が手配するのかという問題も想定しておかなければなりません。

高齢者、家族の高齢者住宅に対する基本ニーズは、「介護が必要になっても安心」ですし、高齢者住宅事業者も入居者募集に当たって、同じように謳っています。いざと言う時に、「個別契約ですから、高齢者住宅は関係ありません」というのでは無責任です。

その他、ケアカンファレンスへの参加や、不正利用に対するチェック義務などの検討も必要だと考えています。

これは介護保険の報酬体系とは直接的には関係ありませんが、入居者が安定的な良質な介護サービスを受けることができるよう、制度上、高齢者住宅事業者の介護サービスに対する役割やその責任の範囲を明確にする必要があります。

2点目は、高齢者住宅での要介護高齢者の生活や介護サービスの特性を理解した報酬体系です。

高齢者住宅は、一軒一軒の自宅を回るのと違い、要介護高齢者が集まって生活していますから、1人の介護スタッフがたくさんの介助、介護を行うことが可能です。介護報酬設定の基礎は人件費見合いですから、効率的、効果的に介護ができるということは、それだけ介護保険支出を抑制することができます。

しかし、報酬単価を、単純に減額、削減すればよいというものではありません。

重要になるのは、自宅で提供される介護介助と、高齢者住宅内で提供される介護介助の違いやその特性を整理し、どこまでを算定対象とするのかを明確にすることです。述べたように、区分支給限度額方式における訪問介護は、対象とならない介助関連動作がたくさんあります。

食事介助を例にあげると、「自分で食べられない高齢者に対して、スプーンを持って隣で食べさせる」という介助は対象ですが、見守りや声かけ、食事の促しといった「間接介助」には対応できません。食事は自分独りで食べられるけれど、ベッドから車いすへの移乗介助や食堂への移動介助のみが必要という隙間のケアも算定対象外です。厳密に言えば、Ａさんの食事介助中に誤嚥でゴホゴホむせているＢさんがとなりにいても、介護保険上の介助時間内には、ホームヘルパーはケアできないということになります。

しかし、直接的な食事介助が必要のない高齢者であっても、誤嚥や窒息のリスクはありますから、見守りや声かけ、緊急時の対応やコール対応などは、全入居者に必要となるものです。逆に、排泄介助や入浴介助というのは、入居者によってその介助の内容が変化する個別のケアです。

このように、整理をしていくと、現在のように「すべて包括」または「すべて出来高」ではなく、「全入居者を対象として包括で算定すべき集合的な介護」と「入居者それぞれに出来高で算定すべき個別の介護」の双方が必要なことがわかります。

高齢者住宅で求められる介護、介助と、自宅で行う介護、介助は基本的に違うものです。

高齢者住宅で要介護高齢者はどのように生活するのか、高齢者住宅事業者が提供すべき基礎となる介護サービスは何か、法的に求められるサービス提供責任はどこまでなのかということを、基礎から見直す必要があります。


3点目は、多様化するニーズに対応できる報酬体系の検討です。

現在の介護付有料老人ホームに適用される特定施設入居者生活介護の報酬体系では、特養ホームと同じように、通所系のサービスを受けることができませんし、リハビリ系のサービスにも限界があります。そのため、どうしても外出の機会が乏しくなり、生活がマンネリ化してしまいます。施設ではなく、住宅なのですから、個別ニーズに合わせて、リハビリや通所介護などの外部サービスも利用できるような報酬体系が求められます。


最後の1つは、報酬算定の基準の明確化です。

2012年の介護報酬改定で、これまでのような「身体介護30分254単位」といった、利用毎に報酬算定される出来高の訪問介護に加えて、「定期巡回随時対応型訪問介護看護」という、定期的な巡回や随時の対応を組み合わせた介護報酬が設定されています。

これと高齢者住宅を組み合わせることによって、これまでの訪問介護では対応できなかった「臨時のケア」「隙間のケア」「状態把握」「定期巡回」「緊急対応」といった介護を包括的に算定できるようになりました。

考え方としては特定施設入居者生活介護に近いものですが、その指定にあたっては、「必要人数を配置する」となっており、「要介護高齢者□名に対して、介護看護スタッフ△名」という明確な基準が示されているわけではありません。

これでは、民間企業は、利益を上げるために、できるだけ少ない介護スタッフで対応しようとしますから、サービスの劣化につながります。また、介護保険制度は、「必要な介護の基本部分を担保する制度」であり、「それ以上の介護を求める人は自費」ということが前提です。その基本部分を示す基準が曖昧だと、「それ以上の手厚いサービス」の算定根拠が明確になりません。

これを高齢者住宅に適用するには、明確な人員配置の基準設定が必要です。

以上報酬体系統一に向けての指針を4点挙げましたが、これらは、そう簡単な作業ではありません。新しい報酬体系を作れば良いというだけでなく、現在の「特定施設入居者生活介護」「区分支給限度額方式」からの移行をどうするのか、という問題もでてくるからです。

また、報酬体系、報酬単価の議論の前に、「ケアマネジメントの独立性」「高齢者住宅事業者の役割、責任の明確化」など、いくつかの基礎となる事項についても、検討しなければなりませんし、その前提として、現在行われている不適切な介護報酬算定を明確に禁止することも必要です。

ただ、述べたように現行の介護保険制度や介護報酬では、不可思議なグレーゾーンが多く、それが保険財政悪化だけでなく、高齢者住宅の経営を不安定にさせています。制度や法律を遵守して真面目に取り組む事業者が、制度矛盾を突いただけの劣悪な事業者に駆逐されるようでは、事業者間の競争も、産業の健全な育成もありません。

また、対応が遅れるほど、ひずみは大きくなり、その修正には時間と費用がかかります。

早急な検討が求められます。

視点Ⅲ　社会福祉法人の役割の見直し

3つ目の大きな修正点は、老人福祉のあり方です。

第三章では、現在の社会福祉法人や特養ホームの抱える課題、矛盾について、厳しく指摘しましたが、もちろん「社会福祉法人は必要ない」と言っているのではありません。

今後介護虐待や介護拒否、独居認知症高齢者の問題など、介護保険制度だけでは対応できない、「要福祉」の高齢者が激増します。

これまでも、介護や福祉の現場で、介護虐待と思われる事例をたくさん見てきました。

ニュースなどを見ると、「家族なのに、自分の親になんてひどいことを」と考えがちですが、そうではありません。しっかりしていた父親や母親が認知症になって、誰にも相談できず、仕事を辞めざるを得ない。毎日、介護に追われ、いつまでこんな状態が続くのかと、追い込まれていきます。「何度言えばわかるの」「しっかりしてよ……」というイライラから思わず大声や手を上げてしまうことは誰でも起こりうることです。

家族には家族の想いや感情があります。「家族なのに……」というよりも、「家族だから……」というケースが大半です。その解決のためには、高齢者本人だけでなく、家族の話を何度もじっくりと聞いて、寄り添っていかなければなりません。これが適切に対応できないと、感情が爆発し、介護殺人や介護心中といった、最悪の事態に陥ることになります。

また、数年前には、「亡くなった親を隠して、そのまま十何年も年金を受け取っていた」というニュースがありました。これは「年金の搾取」という詐欺行為がクローズアップされましたが、それ以上に問題視されなければならなかったのが「介護拒否（ネグレクト）」です。

普通、家族の誰かが朝に起きてこなければ必ず見に行くでしょう。調子が悪いと言えば病院に連れて行きます。亡くなると腐敗しますから、大変な臭いがします。同じ家の中で生活していて、亡くなっても気が付かないなどということがあるはずがないのです。ネグレクトと呼ばれるものは、いくつかの段階がありますが、酷いケースになると、食事も与えておらず、介護拒否というよりも遺棄致死や殺人に近いものまであります。

また、「老老介護」「認認介護」の場合、家の中はゴミだらけで、ケアマネジャーや生活相談員が「これは大変だ」と思っても、本人達が今の生活を変えたくないと頑強に抵抗することがありますし、親子2人暮らしで、親が要介護、子供が知的障害やうつ病というケースもあります。そのターゲットは高齢者本人だけ、「要介護」だけでなく、家族の貧困問題や児童福祉、障害者福祉、就業対策などとも関わってくることもあり、その解決には時間もかかります。

このような、入り組んだ福祉的な視点が必要となるケースは、それぞれに事情が違うため、個別のケースに合わせて、粘り強く細かく対応していくしか方法はありません。

更にこの老人福祉は、家族内の問題だけではありません。近年、ごみ屋敷が社会問題となっていますが、元気そうに見えても、認知症の高齢者も多いと言われています。放火や失火のリスクも高く、ひどい臭いがするなど、地域住民を不安に巻き込む問題にもなっています。

このような福祉課題を、民間の介護サービス事業者が対応することは不可能です。半年、1年をかけて支援し、難しいケースに対して一定の方向性を見つけられたとしても、それで高い利益を生むわけではありません。

経済団体の中にも、「特養ホームや社会福祉法人を民間に開放しろ」という人がいますが、「社会福祉とは何か」が、根本的にわかっていません。老人福祉は業務の効率性や費用対効果など、民間企業の手法とは正反対のものばかりです。営利目的の事業としてはそぐわないとして、社会福祉事業を行うためにつくられたのが社会福祉法人なのです。

セーフティネットとしての役割を持つ老人福祉が崩壊すると、社会保障制度そのものが崩壊してしまいます。老人福祉にはしっかりお金をかけて、社会福祉法人の役割を見直し、強化していく必要があります。

社会福祉法人の再生に向けての、3つのポイントを挙げます。

専門性の強化

1つは、老人福祉の専門性の強化です。福祉というものは、個別援助技術や多岐にわたる深い関連知識など高い専門性が求められる仕事です。現在、素人施設長や天下り施設長を対象とした「研修制度」のようなものが、これもまた厚労省の関連団体でつくられていますが、老人福祉施設の施設長という仕事は、1週間ほどの研修とレポート提出だけで、腰掛でできるようなものではありません。

社会福祉法人は、その地域の福祉を司る拠点、最後の砦ですから、その理事長や施設長は、社会福祉士や介護福祉士といった国家資格保持者で、かつさまざまなケースに当たってきた現場経験の長いスタッフが行うべきものです。

「要福祉」を把握するシステムの構築

2点目は、「要福祉ケース」を地域ごとに把握するシステムの構築です。

現在、「要介護」で「要福祉」という難しいケースも、すべて個別のケアマネジャーが担っています。しかし、どれほど優秀であっても、「要福祉」の事例を個人で対応するには限界があります。一部のケアマネジャーだけに負担がかかるか、もしくは誰も手を出そうとせずに、制度から漏れてしまっているというのが現実です。

要介護状態か否かに関わらず、「要福祉」のケースは、社会福祉法人に集まるようにしなければなりません。その市町村に社会福祉法人が複数ある場合には、地域ごとにエリア分けをするなどして、日々活動している、ケアマネジャーやホームヘルパー、通所介護サービス事業者が、「ちょっとこれは変だぞ」「虐待ではないか」と気が付いた時は、すぐに近隣の社会福祉法人の担当者に連絡できる体制を整えるべきです。

これには、行政の役割も重要です。「要福祉」というケースは、複合的に絡みあった難しい事例が多く、1つの社会福祉法人だけで、ゆっくり時間をかければ解決できるというものばかりではありません。対応が遅れれば命に危険が及ぶような緊急性を求められるものもありますし、酷い暴行や虐待、所在が不明など警察との連携が必要なケースもあります。また、支援の過程で、家族とのトラブルとなるリスクも大きくなります。

社会福祉の増進は、憲法で定められた国の責任で行うべきものです。「介護保険で儲けたお金を使って、それぞれの社会福祉法人で頑張ってください」ということでは、それぞれの社会福祉法人のやる気や能力によって、その地域の老人福祉のレベルが決まることになります。

国や自治体はその責任を十分に理解し、社会福祉法人が困難ケースに対応できるように、そのバックアップ体制を構築しなければなりません。

介護と福祉の明確な区分

3点目が、「介護」と「福祉」の分離です。

現在の高齢者施策の多くの問題やそれにまつわる悲劇は、「介護」と「福祉」の役割が混乱していることに起因しています。それが老人福祉の崩壊だけでなく、社会福祉法人による介護ビジネスの民業圧迫につながっています。現状の混乱したままでは、介護業界の成長も、高齢者住宅産業の育成も、老人福祉の立て直しもできません。

介護ビジネスについては、社会福祉法人と民間企業との経営環境を統一しなければなりません。第2種社会福祉事業である訪問介護、通所介護、短期入所生活介護などについては、民間企業も社会福祉法人も、現状は介護サービス・介護ビジネスですから、優遇施策を廃止し、税制も一本化するなどの対策の検討が必要です。

同時に、老人福祉施策に対する財政支援も重要です。

課題となっている余剰金の使い道は、介護ビジネスへの投資や低所得者対策ではなく、「要福祉」への対応力の強化です。余剰金で、福祉専門スタッフ、専門窓口の設置などの対策を強化するべきです。逆に、余剰金の少ない法人に対しては、「介護サービス」とは分離させた、福祉力を強化するための独自の手当てをしっかり考えなければなりません。

視点Ⅳ　特別養護老人ホームの役割と対象者の見直し

現在、52万人もの高齢者が、特養ホームの入所を待っていますし、今後、その数は右肩上がりで増えていきます。しかし、特養ホームを増やすには、入所者1人当たり年間180万円もの追加費用が必要になり、財政的に厳しいのが現実です。

待機者対策の基本は、入所定員に限りがある特養ホーム入所の対象を公平性の観点からどのように限定していくのかです。

厚生労働省は、待機者が増えてきたことから、平成27年4月1日から特養ホームの入所者を、要介護3以上の重度要介護高齢者に限定すると通知しました。その理由として、「限られた資源の中で、より入所の必要性の高い方々が入所しやすくなるよう、居宅での生活が困難な中重度の要介護高齢者を支える施設としての機能に重点化を図る」としています。

「重度要介護の人は介護が大変だから優先する」というのは、名案であるように見えますが、これは待機者を、表面的、一時的に減らすという効果しかありません。

「要介護3以上の高齢者に限定」といっても、すべての希望者が入れるわけではないからです。

次の表のように、現在の待機者52・4万人の内、要介護3以上の高齢者は、34・5万人、65・9％で、約3分の2を占めます。そのうち、老人保健施設や病院などの在宅以外で生活している高齢者が19・2万人、自宅で暮らしている高齢者が15・3万人です（厚労省　特別養護老人ホームの入所申込者の状況　平成26年3月25日）。

現在、要介護3以上の高齢者だけでも、34・5万人ですから、これはこの10年で、50万人、70万人と一気に増えていきます。老健施設はこれ以上増やすことはできませんし、病院では長期入院はできませんから、その大半は、自宅で生活することになります。これでは、「運良く入所できた人だけラッキー」という、不公平な状況は同じです。

また、いま以上に、従来型の特養ホームに希望者が集中することになります。同じ重度要介護高齢者であっても、お金のない人は長い順番待ち、お金のある人はホテルコストの高い特養ホームにすぐ入所できるという、待機者問題の根本的な構造は変わりません。

もう1つの問題は、この「重度要介護高齢者優先」という対象者の限定が、「要介護1と2」に該当する、「要福祉」の高齢者を切り捨てることにはならないか、ということです。

今回の制度改定では、例外規定として、要介護1と2の高齢者が特養ホームに入所できるのは、「認知症や精神障害、家族等による虐待などにより著しく在宅での生活が困難である場合のみ」としています。

しかし、特養ホームは、そもそも「要介護」高齢者の住まいとして作られたわけではありませ

	要介護1～2	要介護3	要介護4～5	合　計
全　体	17.8万人（34.1%）	12.6万人（24.1%）	21.9万人（41.8%）	52.4万人（100%）
在　宅	10.7万人（20.4%）	6.6万人（12.7%）	8.7万人（16.5%）	26.0万人（49.6%）
在宅以外（病院・老健等）	7.1万人（13.6%）	6.0万人（11.4%）	13.2万人（25.3%）	26.4万人（50.4%）

（厚労省　特別養護老人ホームの入所申込者の状況　平成26年3月集計）

表　要介護度別　特養ホーム待機者の概況

ん。老人福祉施設は、自宅で生活することのできない、介護虐待や介護拒否で、命に直結するような悲惨な生活を強いられている「要福祉」高齢者のための施設です。最悪の事態を回避するために、そのセーフティネットとして、高額の社会保障費が投入され運営されているのです。

そう考えると、介護保険制度だけでは対応できないような、「認知症や精神障害、家族等による虐待などにより著しく在宅での生活が困難である要福祉の高齢者」が、第1の対象者、候補者であって、これを特例的に認めるという発想はおかしいのです。

今回の規定では、文字通り「相当の理由」がない限り、軽度要介護高齢者は申し込むこともできませんし、それには事前の行政への報告が求められています。要介護1と2の「要福祉」の高齢者と、要福祉ではないが要介護3の高齢者、どちらを優先すべきか言うまでもないでしょう。

緊急性が高い「要福祉」高齢者を第一に

特養ホームの対象をどうするのか、2つの視点が必要です。

１つは、述べたように、「要福祉」高齢者の緊急入所の強化です。

現在の特養ホームは、慢性的な施設不足となっていますから、申し込んでから、数ヶ月、数年待ちと言うのが当たり前になっています。児童虐待の問題を見ていてもわかるように、高齢者においても「要福祉」というのは、緊急避難的な対応が必要となるケースが少なくありません。また、介護虐待や介護拒否だけでなく、「介助していた妻が先に突然亡くなった」「認知症で高血圧の薬の飲み忘れが多く、このまま家で生活するのは危険」「認知症の周辺症状が現れ、近隣で問題になっている」等という場合も、時間的な余裕はありません。

この緊急性を的確に判断するには、各施設に個別に申し込むのではなく、その地域ごとに一括して申し込むような体制を構築しなければなりません。セーフティネットですから、お金のあるなしで申込先が違い、待機者数が違い、それぞれに判断が違うというのは論外です。

各施設ではなく、第三者がその緊急性や生活状況などを調査するようにすれば、優先度をより詳細に、かつ公平に把握することができ、迅速な対応が可能となります。

現在でも一部には、行政が関与する「措置制度」が残っていますが、それは「極度に緊急性の高い」という事例に限られています。また、その措置入所を受ける特養ホームは限られており、後日のトラブルを恐れ、その受入を渋る施設もあると聞きます。それでは、何のための福祉施設かわかりません。「手のかかる高齢者は嫌」「第４段階の高齢者でなければダメ」といった福祉施設は、その運営の考え方を根本的に変えてもらう必要があります。

また、「個室でなければ嫌」「新しい施設でないと嫌」という高齢者や家族には、それだけ余裕があるのですから、重度要介護であっても、優先する必要はないのです。

認知症高齢者を優先的に

もう1つは、認知症高齢者への対応の強化です。

「重度要介護状態だから、入所の必要性が高い」としていますが、これはケアマネジメントの視点に立てば間違いです。要介護状態というのは、必要な介護サービスの量を推計したものを基準としています。しかし施設対象か、自宅で生活し続けられるか否かは、介護サービス量ではなく、必要な介護サービスの性質が重要になります。

同じ要介護状態であっても、「身体機能の低下」によるものと、「認知症」によるものとでは、必要な介護サービスの性質が違います。例えば、前者の場合、移動介助や排泄介助、入浴介助などで対応できますが、後者の場合、排泄や移動などの介助に加え、常時の見守りや様子確認が必要となります。夜中にゴソゴソと起き出したり、興奮して眠れないこともあります。

どちらが家族の負担が大きくなるか、自宅で生活するのが難しいかと言えば、間違いなく後者です。前者は訪問介護や通所介護などのポイント介助で対応できますが、後者は、その時間以外も、気が抜けないため、身体的だけでなく精神的な疲弊度が高くなります。

現在、認知症高齢者の高齢者住宅としてグループホームがありますが、低所得者施策がありま

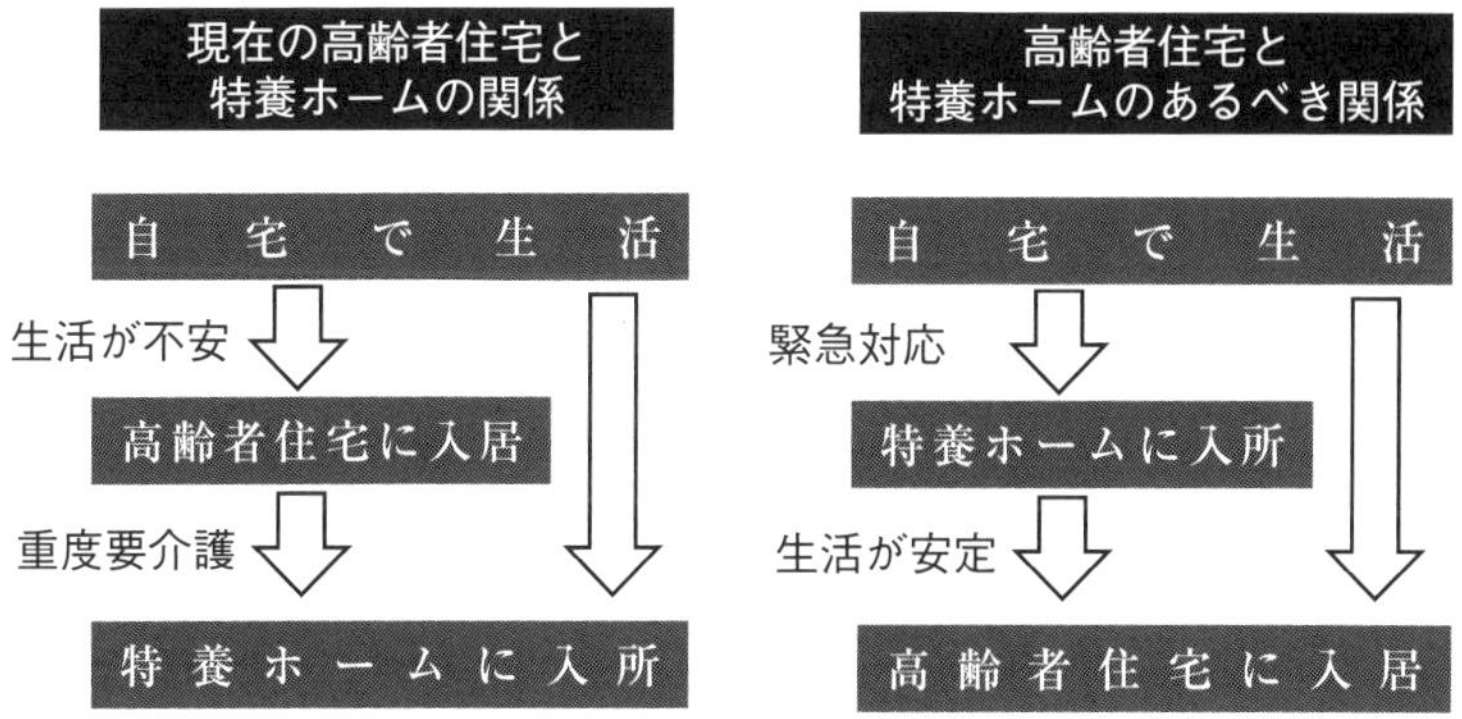

図　高齢者住宅と特養ホームのあるべき関係

せんから、一定の資産や収入がないと入居できません。また、民間の介護付有料老人ホームやサ高住でも、他の入居者とのトラブルのリスクが高くなるため、徘徊などの周辺症状のある認知症高齢者を実質的に対象としていないところも少なくありません。

２０２５年には、認知症高齢者が７００万人に達します。自宅で生活できない、24時間の見守りが必要な認知症高齢者が激増しますから、特養ホームがその役割の一端をより積極的に担うべきです。

特養ホームと高齢者住宅の関係を変える

この対象者の見直しは、特養ホームと高齢者住宅の関係の見直しでもあります。

厚労省や国交省が考えている両者の関係は、自宅で生活が不安になれば、まず生活相談や安否確認などのサービスの整った高齢者住宅に入居してもらい、重度要介護状態になれば、特養ホームに移動してもらうというものです。「特養ホームは要介護３以上を優先」という考え方もここからきています。

しかし、重度要介護高齢者になったすべての入所希望者が、自宅や高齢者住宅からスムーズに入所できるだけの特養ホームをつくり続けることは、財政的に不可能です。また現在の制度で特養ホームを作っても、社会保障財政、介護保険財政の悪化になるだけで、本来の役割である老人福祉の増進にはつながらないことも述べてきた通りです。

また、特養ホームを重度要介護高齢者のための住居、住まいと位置付けるのであれば、中間層を対象とした介護付有料老人ホームの存在意義はなくなります。同じ建物設備、同じ介護看護サービスで、２倍以上利用料が変われば、そこに入居する人はいないからです。

限られた施設を効果的、効率的、公平に利用するためには、老人福祉施設としての基礎である、緊急避難的な役割を強化し、そこで生活がある程度落ち着けば、可能な人は高齢者住宅に移ってもらうという体制に変更していかなければなりません。

特養ホーム、老人福祉施設とは何なのか、その対象者は誰なのか、高齢者住宅との関係や違いはどうあるべきか、その本来の目的や役割を、基本に立ち戻って考え直すべきです。

視点Ⅴ　ショート、ミドルステイの強化

特養ホームのあり方を考えるうえで、もう１つ重要な視点がショートステイです。

ショートステイは、家族の介護疲れや冠婚葬祭などで、家族が介護できない場合に１～２週間という短い期間で入所し、必要な介護看護サービスを受けるものです。介護保険施設は、住宅ではありませんから、老健などの３ヶ月～６ヶ月などの入所をミドルステイ、入所期間の定まっていない特養ホームなどの入所はロングステイと呼ぶことがあります。

現在、都市部だけでなく全国的に不足しているのがショートステイです。そして、このショートステイ不足の穴を埋めるべく生まれてきたのが、「お泊りデイ」というものです。

「お泊りデイ」とは、通所介護（デイサービス）を行っている事業者が、その通所介護に付随して行っている宿泊サービスです。一般のデイサービスは、朝９時～10時頃に迎えに行って、日中を入浴や昼食、レクレーションなどで過ごしてもらい、午後４時～５時頃に自宅に送るという通所（通い）のサービスです。このデイサービスの利用者に、その時間外となる午後５時から翌日の朝９時まで、そのままデイサービスに泊まってもらおう……というものです。

介護保険対象外のサービスになりますから、それぞれの事業者で１泊２０００、３０００円など、各事業所で宿泊代を設定しています。

当初は、デイサービス利用中に家族が倒れるなど、自宅に戻すことができない突発的な事態に対して、デイサービス事業者の善意、判断で、緊急避難的に行われたものです。

しかし、このお泊りデイでも、多くのトラブルが発生しています。

読売新聞が２０１２年と13年に、20の政令都市、政令都市を除く31市、及び東京23区にアンケートを送付して実施した結果、お泊りデイの宿泊時間帯に発生した転倒や誤飲事故は、２０１０年度以降、少なくとも２９６件あり、そのうち26人が亡くなっていたことがわかっています。悪質な虐待事件も報告されています。

このお泊りデイの基礎となる通所介護（デイサービス）は、介護保険上のサービスであり、そのサービス時間帯に発生した骨折や死亡などの重大事故については、介護保険法に基づいて行政への届け出が求められています。しかし、宿泊時間帯は、介護保険適用外であるため施設側に報告義務がありません。そのため表面化したものもごく一部で、全国に広がる実態を把握できない実態が浮き彫りになっています。

また、この「お泊り」という言葉から受けるイメージは、自宅に帰れないときに1泊、2泊程度、長くても数日という程度ですが、実際は1ヶ月、2ヶ月と連続で利用している人も多く、中には、1年、2年と「デイサービス」に住んでいる高齢者もいます。そうなれば、ショートステイの代替というよりも無届施設です。

当初は、緊急避難的にスタートしたものであっても、現在では利益率の高いビジネスモデルとしての側面が強くなっています。無届施設に併設された訪問介護と同じように、一定期間以上連続して宿泊する利用者を確保できれば、送迎などのコストが削減でき、かつ連続して通所介護の収入として見込むことができるからです。更に、デイサービス事業所にそのまま寝泊りさせるのですから、新たな建物や設備は必要ないため、少ない人数でより高い利益を得ることができます。

現在、デイサービスの事業所数は、全国で3万を超えますが、その約1割でお泊りデイを行っています。最近では、事業計画の段階で、「お泊りデイ」を行うことを前提にして、開設されているものも増えていると聞きます。

死亡事故や虐待が表面化したことから、厚労省はガイドラインを設定し、とりあえずその実態を把握しようとしています。もちろん、実態の把握は必要ですが、緊急避難的なものを除き、継続的な事業として認めてよいのかといえば、その位置づけに対する疑問がでてきます。

介護保険制度は、必要な介護サービスの基本部分を担保する制度で、それ以上の手厚いサービス、特別なサービスを求める人は、利用者の選択のもと、「全額自費」で上乗せしてサービスを受けるというものです。厚労省も、この「お泊りデイ」に対して、当初、「自由選択による上乗せ介護サービスの1つ」だとして、まったく規制を行っていませんでした。

しかし、この「お泊りデイ」は、介護保険以上の手厚い介護ニーズ、特別な介護ニーズを持つ高齢者への独自のサービスとして発展しているのではありません。ショートステイ（短期入所）が一杯で、利用することができない高齢者・家族がやむなく利用しているにすぎません。

つまり、この問題は、すでに「保険あって介護サービスなし」という事態に陥っていることを示しているのです。厚労省がこれを届け出制にして認めるということになれば、「最低限度のサービスを提供する」という介護保険制度の根幹を放棄したということになるのです。

また、その責任も曖昧で、「届け出」というボールを投げられた自治体は大変です。

そもそも、「デイサービス」ですから、介護保険施設や高齢者住宅、ショートステイのように、寝泊りできる環境として作られているわけではありません。自然災害や火災などへの対応はどうするのか、消防法上はどのような位置づけになるのか課題は山積しています。

制度全体を俯瞰しても、無届施設はダメだが、デイサービスに長期宿泊させるのはOKという、何とも説明のつかない場当たり的なものになっているのです。

なぜ民間のショートステイは増えないのか

この問題の根幹は、なぜ、ショートステイを増やせないのか……です。

述べたように、このショートステイは、都市部だけでなく全国的に、絶対的に不足しています。市町村によっては、臨時的・緊急的なショートステイの需要に対応できるよう、「緊急枠」というものを設定しているところもありますが、本当にイザというときに安心して使えるかと言えば、これにも集中するために、ほぼ不可能だと言って良いでしょう。

しかし、このショートステイは、社会福祉法人に限定された特養ホームのような認可型の第一種社会福祉事業ではなく介護保険の在宅サービスの1つであり、民間の株式会社でも参入が可能です。需要が高いのであれば、どうして民間事業者が参入しないのでしょうか。

その理由は簡単です。民間企業がショートステイを作ろうとしても、社会福祉法人のショートステイと運営コストや経営環境が違いすぎるため、経営できないからです。

	基準費用額	第１段階	第２段階	第３段階	第４段階
居　住　費	1,970円／日	820円／日	820円／日	1,310円／日	1,970円／日

◆第１段階…生活保護受給者、老齢福祉年金受給者で世帯全員が市民税非課税
◆第２段階…世帯全員が市民税非課税で、かつ本人課税年金収入＋合計所得金額が80万円以下
◆第３段階…世帯全員が市民税非課税で、かつ第２段階に非該当（所得金額が155万円以下）
◆第４段階…第１段階・第２段階・第３段階に非該当（減額措置なし）又は、一定額以上（単身で1000万円以上程度）の預貯金をもつ

表　ショートステイの低所得者対策（ユニット型個室）

現在のショートステイは、特養ホームに併設されているものが主流です。特養ホーム本体と食堂や厨房など共用設備の一部は共有できますから、建設、開設費用は抑えられます。社会福祉法人の税制などの優遇措置もありますし、特養ホームと一体的にスタッフを確保することで、運営上のメリットも大きくなります。

民間企業には、これらの優遇措置がありませんが、介護報酬単価は同じです。

そのため、同じ地域でショートステイの事業を行う場合、社会福祉法人が行っているものよりも、少なくとも１日当たりのホテルコスト（居住費、食費）は、３０００円程度は高く設定しなければなりません。介護報酬の改定で、介護付有料老人ホームでも、その空き部屋でショートステイができるようになりましたが、ホテルコストだけでなく、適用される介護報酬の単価も低いため、より高い利用料を設定しなければ運営できません。

１日３０００円とすれば、利用者の支払う利用料の差額は、１週間で２万円を超えます。「緊急避難的に利用したい」という一定のニーズはあるでしょうが、それは、社会福祉法人のショートステイ

	平成22年３月（平成18年度事業）	平成23年３月（平成19年度事業）	平成24年３月（平成20年度事業）	平成24年３月（平成21年度事業）
第４段階以上	49.0％	53.6％	52.6％	51.2％
中央値	54.8％	52.9％	50.0％	55.4％
最大値	100％	100％	100％	85.7％

福祉医療機構福祉貸付部　資料

表　ショートステイの第四段階利用者の平均割合

を利用できなかった人の補完的な役割でしかなく、利用者の確保も不安定にならざるを得ません。

これには低所得者対策も大きく関係しています。ショートステイにも、特養ホームと同じように低所得者に対する減額措置があり、民間企業が運営する場合でも適用されます。しかし、そもそも民間のショートステイは基準額の１９７０円以上に、ホテルコストを高く設定しなければ経営できないのですから、減額措置のなる第２段階、第３段階といった低所得者は最初から対象外となります。

更に問題となるのは、一部の社会福祉法人が開設しているショートステイでも、富裕層の利用者を優先しているということです。

第三章で述べたユニット型個室特養ホームと同じように、それに併設されているショートステイもユニット型の個室です。同様にそれぞれの社会福祉法人でそのホテルコストを、独自に決めてよいことになっています。その平均額は、基準額の１９７０円よりも４００円ほど高い２３６５円、中には４７８０円、４８６０円と４０００円台を超えるところもあります。

そのため、福祉医療機構「ユニット型特養ホームの実態調査について」の資料を見ると、特養ホームに併設される社会福祉法人の運営するショートステイ（同様に個室）においても、その利用者は第4段階の高齢者が平均値でも中央値でも50%を超えています。中には、第4段階以上が100%、つまり、減額措置のない第4段階以上の利用者しか受け入れていないショートステイもあるのです。

「ショートステイは絶対的に不足している」ということは事実ですが、お金のある人は、社会福祉法人のものでも民間のものでも利用できるのに対して、お金のない人は、ショートステイも利用できる施設が限られているのです。

現状において、自費で「お泊りデイ」を利用している人の大半は、富裕層ではなく、特養ホームからもショートステイからもはじかれた低所得者です。これを介護保険制度の自由選択と位置付け、野放しにしてきた厚労省の感覚は、完全に麻痺しており、あまりにも不条理です。

ショートを充実すれば特養の待機者は減る

これはショートステイの制度上の課題というだけではなく、特養ホームの待機者数とも密接に関係しています。

ショートステイは、訪問介護や通所介護とは少し違った利用のされ方をします。本人の希望ではなく、「介護疲れ」「突発的な事情」など、自宅で介護する家族の希望、家族の支援という側面が大きいのが特徴です。

また、そのニーズは、「1ヶ月に1週間程度は介護から離れたい」という定期的なニーズと、

「子供が交通事故で入院したので孫の世話に駆けつけたい」「腰を痛めて１ヶ月程度は介護できない」といった臨時的・緊急避難的なニーズの２つに大きく分かれます。

このショートステイは、在宅での生活を続けるためには非常に重要です。要介護高齢者を抱える家族は、肉体的にも精神的にも疲れています。加齢によって要介護状態は、少しずつ重くなっていきますし、その状態がいつまで続くのかわかりません。特に認知症のある場合、家族はゆっくり眠ることもできませんから、必ず、一定期間の休息も必要となります。

また、家族と話をすると、特養ホームの入所申込みをしていても、「できるだけ自宅で生活させてあげたい」と考えている人も多いことがわかります。ただ、介護がいつまで続くかわからない、自分が先に潰れてしまうのではないかという恐れから、「今は自宅で生活できているが将来が不安で特養ホームを申し込む」と言うのです。

これは、アンケート結果にも表れています。

厚労省が平成23年度に特養ホームの待機者家族に対して行ったアンケートでは、「いまは生活できているが、将来不安のために申込み」という回答が約半数に上ります。また、申し込んでいる特養ホームから「入所できます」という連絡がきた場合、すぐに入所するかという問いにも、3分の１の家族は、「すぐに決められない、断る」と回答しています。

実際、特養ホームに勤務していたときも、「待機者の家族に特養ホームに入れますよ」と連絡しても、喜ぶ人ばかりではなく、「もう少し自宅で介護できるのではないか」「ここで断ればもう入れなくなるのでしょうか」と、悩みを相談されることも少なくありませんでした。

「特養ホームが52万人待ち」という数字だけではなく、その内容を精査し、家族の想いを理解すれば、できる対策はたくさんあるはずです。

ショートステイとミドルステイの枠を増やす

これらの複合的な課題を解決するためには、現在の特養ホームの一部をショートステイやミドルステイとして開放することが必要です。

ショートステイは、1週間～2週間の短期間での利用です。「1ヶ月のうち、2週間は自宅で生活するけれど、あとの2週間はショートステイを利用する」ということが、計画的にできれば、その間、家族はゆっくりと休むことができますし、疲れをためることなく生活のリズムをつくることができます。

ミドルステイは、3ヶ月～6ヶ月という期間の利用です。これは、「娘が出産して、しばらく自宅に帰ってくる」「家族が手術・入院するのでしばらく介護できない」といったショートステイでは対応できない、中期的なケースへの対応です。老健施設でもミドルステイを行っていますが、これは病院から退院後のリハビリなどが目的であり、特養ホームのミドルステイは、緊急対応や家族支援を重点的に行うなどの区分けができます。

もちろん、このショートステイやミドルステイは、事前に予約して、定期的、計画的に利用できるようにするとともに、家族の病気や親せきの葬儀といった緊急時にも迅速に対応できる体制づくりが求められます。今のように、「緊急時にどうすればよいかわからない」「ショートステイはいつも一杯で利用できない」という状態では、家族も安心して自宅で介護を続けることはできません。

これは、限られた社会資源の公平な運用という視点にもつながります。

現在の特養ホームを作りつづけることは、財政的に不可能ですし、現在の制度のもとでは、待機者は70万人、90万人と増えていくでしょう。現在の特養ホームの建物設備や機能を、できるだけたくさんの人が、公平に、効果的に使えるようにしていかなければなりません。

ショートステイを増やすことで、多くの高齢者が公平にその機能を利用できるだけでなく、「定期的に介護から離れてゆっくり休むことができる」「いざと言う時はいつでもショートやミドルステイが利用できる」という安心があれば、特養ホームの申し込みは確実に減るはずです。

現在の特養ホームの定員のうち、どの程度の枠をショートステイやミドルステイに移行させるのかは、各自治体で、「地域包括ケア」を推進する中で決めれば良いと思いますが、現在の特養ホームの2割〜3割程度、ショートステイやミドルステイに移行するだけで、自宅で生活できる高齢者は相当増えるはずです。もちろん、それによって、「お泊りデイ」といった制度の歪で生まれたサービスの課題も解消することができます。

特養ホームの設置や運営にはお金がかかります。それを上手く活用することで、自宅で生活できるけれど、介護したいけれど、不安だから特養ホームへ申し込むという高齢者や家族をなくし、できるだけ自宅で生活しつづけられる仕組みを構築することが必要です。

視点Ⅵ　低所得者対策と自己負担

この高齢者住宅や特養ホームにかかわる、最後の１つの問題は、価格設定や低所得者対策を含めた自己負担のあり方です。

莫大な借金と激増する社会保障制度の中で、財源は限られていますから、特養ホームにしろ、無届施設にしろ、社会コストを度外視して、「個人負担が安ければそれで良い」ということでは社会保障制度は維持できません。高齢者や家族に対しても、その所得や資産に応じた、相応の負担を求めていかざるを得ませんし、同時に、低所得者対策も、公平で公正、かつ効率的、効果的なものでなければなりません。

低所得者対策を含めた高齢者住宅や特養ホームの負担のあり方や方向性について、３つのポイントを挙げます。

①ホテルコストを見直す

1つは、特養ホームの価格設定です。

都市部においては土地の確保も難しく、また全国的に建築費も高騰していますから、特養ホームの開設が難しくなっていることは間違いありません。そのため、現在の制度では、特養ホームやショートステイなどの居住費や食費などのホテルコストの設定は、建築費などを基礎にして、運営する社会福祉法人で自由に設定して良いことになっています。

しかし、基準額を超える価格設定でないと運営できないとなれば、計画段階で「低所得者は対象外」「低所得者の入所率を抑える」ということが前提になります。それはセーフティネットである、老人福祉施設としては根本的に間違っています。

これは居住費だけでなく食費についても同様です。

食事は高齢者の楽しみであり、近年は介護食なども進化し続けており、食事サービスに力を入れる特養ホームも増えていています。その努力は素晴らしいことですが、そのために、食費も基準額よりも上乗せするというのは本末転倒です。

従来型のものを含め、多くの事業者は、基準額で食事を提供しています。「豪華な食事を提供するので、値上げします」というのは、民間の有料老人ホームやレストランの発想であって、福祉施設の基本から外れています。食事サービスについては、基準額の中でそれぞれの努力でサービス向上を検討すべきで、費用の上乗せを認めるべきではありません。

その他費用についても、見直しが必要です。

一部の特養ホームでは、おやつ代、レクレーション費、財産管理費など、様々な費用を設定しています。入居者の選択の幅を広げることは大切ですが、実体は、算定根拠も不透明で、全入所者から一律に徴収しているものも少なくありません。

「ホテルコストは基準額以上」「その社会福祉法人の余剰金は数億円～数十億円」「天下り施設長の給与は１０００万円以上」ということになれば、何のための、誰のための法人なのかわかりません。

余剰金の使い方などと言う前に、現在の特養ホームに対しても、本当にそのホテルコストや別途費用が適切なのかをしっかりと監査、指導し直さなければなりません。どうしても基準額以上の居住費でなければ運営できないというのであれば、それを認めた自治体の責任で、低所得者が対象外とならないよう、別途対策を検討すべきです。

これは、新規計画についても、同様です。

ホテルコストが基準額を超えないよう、事業計画の段階で、厳しくチェックしなければなりません。現在の基準額では、運営が難しいというのであれば、都市部の基準額を見直す、各自治体で補助金を多く出すなど、できることはたくさんあるはずです。

②利用負担の在り方を考える

２つ目は、特養ホームの利用負担のあり方です。

介護保険制度がスタートする前、特養ホームの運営が措置費という公費で賄われていた時代、前年度の収入によって自己負担額は決められており、その最高額は措置費全額（従来型の複数人部屋で24万円程度）でした。それが現在では、どれだけ収入や資産があっても基準額は13万円です。特養ホームに入れば、同水準の介護付有料老人ホームの半額以下ということになれば、バランスを欠くものとなります。財源は絶対的に不足するのですから、負担できる入居者に対しては、応能負担の視点を強化するべきです。

ただし、それは公平性の観点から、介護保険支出の抑制につながるものでなければなりません。

第三章で述べたように、特養ホームの低所得者対策が２０１５年8月から変わり、これまでの前年度収入だけでなく、預貯金が１０００万円以上（夫婦で２０００万円以上）の高齢者は、減額制度がなくなり、第4段階の費用を支払わなければならなくなります。第3段階で「８・５万円」を支払っていた高齢者は、第4段階の「約13万円」を支払うことになります。

その差額は、これまで、介護保険から支出されていたものですから、資産に余裕のある人はその能力に応じて支払ってもらおうというのは当然です。

しかし、ホテルコストが３０００円、４０００円に設定されている特養ホームでは、その支払額は一気に10万円近く値上がりすることになります。この問題について、厚労省も自治体も何も対策を採っていませんから、大きなトラブルになることは避けられないでしょう。

ただ、それでもまだ、「負担できる人は負担してもらう」ということと、「介護保険支出の削減」がセットなのであれば理解できるのですが、現行制度においては、その差額は特養ホームの収入になるだけです。ホテルコストの設定が、非常に不透明であることも考え合わせれば、制度改定の便乗値上げと言われても仕方ありません。

応能負担の強化は必要ですが、それは社会保障財政の支出抑制につながらなければ、意味がありません。

③補助金の振り分けをどうするか

もう１つは、優良な高齢者住宅への入居者に対する補助です。

現在のサ高住には、１戸あたり最大１００万円、共用部に１０００万円の補助金がでています。しかし、このような開設時に一括交付するような補助施策では、優良な事業者の増加にはつながりません。単なるバラマキで、低所得者対策としても全く意味はありません。

最も公平で効果的な低所得者対策は、居住費や食費という生活に必要な補助を、低所得者個々人の必要度に応じて行うことです。

ただし、これは低所得者に一律に補助するというのではなく、厳しく指導監査を行い適切に運営されている優良な高齢者住宅を指定し、そこに入居している低所得者に対して補助をするという方法を採るべきです。これは、介護保険の適正利用や、１１５頁で述べた各自治体で策定する「推奨指針」とも関係しています。指定を行うことで高齢者住宅を探している入居者、家族にとって1つの指標となりますし、無届施設や劣悪な高齢者住宅を排除することができます。

それぞれの年金の範囲内で特養ホームに入れる……というのは理想的ですし、何をもって公平とするのか、その判断は難しいものですが、財政が悪化する中で、負担能力に合わせて負担してもらうという視点は不可欠です。この自己負担をどうするのかは、制度の公平性や継続性を検討する上でも、積極的な議論が必要です。


以上、高齢者住宅や特養ホームの見直しについて6つのポイントを挙げました。

本来、ここで述べた課題は、介護保険制度や高齢者住宅制度を構築する前に、検討しておかなければならなかったものです。縦割り行政の利権争い、目先の補助金争いではなく、もう少し、丁寧に制度を構築していれば、年間数兆円を超える無駄な社会保障費が、湯水のように捨てられて続けるようなことはなかったでしょう。

しかし、「介護と福祉の歪み」「2つの高齢者住宅の歪み」「介護報酬の歪み」によって生まれた亀裂が、ここまで大きく広がってしまえば、それを一気に解決する秘策はありません。また、ここで述べたような対策を採ったとしても、すべてが解決されるというわけでもありません。

だからといって、このまま放置することもできません。

今後、都市部を中心に、自宅で暮らすことが難しい、行き場のない高齢者が激増します。

要介護高齢者の安定的な住まいの整備は、超高齢社会における最重要課題です。特養ホームだ、サ高住だ、ではなく、関連する制度、政策を俯瞰し、今ある矛盾や無駄を解消していかなければ、高齢者住宅の将来も、超高齢社会の未来もありません。

また今後、保険料や税金は、どんどん上がっていきます。

所得税は、２０１７年4月から10パーセントに上がることが決まっていますが、それだけで財源が足りるわけではありません。このままいけば医療保険（健康保険）や介護保険の保険料も、少なくとも、現在の水準の2倍程度にはなるでしょう。

更に２０１５年の介護報酬の改定で、年金収入が２８０万円以上の高齢者は、介護保険の１割負担が2割負担になりましたが、今後、それは収入だけでなく一定の資産を持つ高齢者にも広げられることになるでしょう。

超高齢社会に向けて、「一定の負担の増加はやむなし」と考えている国民が多いのですが、それは、社会保障制度が、公平で公正、かつ効率的、効果的であることが前提です。社会福祉法人をお財布のように使っている天下り公務員や一部の地方議員の福祉利権ために、行き場のない高齢者を喰い物にするような貧困ビジネスのために、負担増を認めているのではありません。

超高齢社会を支える、財源も人材も絶対的に不足しており、残された武器は、「智慧」しか残っていません。

ただ、それが使える時間も、もう限られているのです。

おわりに——介護の仕事には将来性がないと考える人へ

高齢者介護に関わる仕事を始めたのは26歳の時、もう20年以上前になります。

特養ホームも少なく、自宅で暮らせない介護の必要な高齢者は、老人病院に入院（社会的入院）するのが一般的で、そこではまだ、介護は看護の補助だと考えられていた時代です。

高齢者介護業界への転職は、色々と考えて出した結論でしたが、夜になると徘徊する高齢者、弄便《ろうべん》と呼ばれる不潔行為、何でも口に入れてしまう異食など、毎日が驚きの連続でした。始めは無資格で、全く経験もなかったため、たくさんの先輩に迷惑をかけ、多くの入所者に叱られ、また慰められながら仕事をしてきました。

初めて担当した入所者が亡くなって涙が止まらなかったこと、特攻隊で当日に終戦になったというおじいさん、バレンタインの日にこっそりチョコレートをくれたおばあさん、入所日に自分が病弱で介護ができないのが申し訳ないと泣かれた娘さん、落ち込んだ時に「これも勉強だ」と諭してくれた歳の離れた先輩の介護士、今でも、多くの高齢者、ご家族、そして一緒に働いた仲間の人達の顔を思い出します。

怒鳴られたこともありますし、大笑いしたこと、一緒に泣いたことも数えられません。その中で、たくさんの生き方や人生哲学を教えてもらいました。

寝たきりや認知症になっても、高齢者にはそれぞれの人生、歴史、思い出があり、それを支えるスタッフには、介護という仕事を選んだ情熱があります。

福祉や介護は、身体的にも精神的にも厳しい仕事ですが、「どうすれば喜んでもらえるか」「どうすれば、その生活が豊かなものになるのか」を真剣に考え実践する、人の役に立っていることを肌で感じることのできる、心から「ありがとう」と言ってもらえる素晴らしい仕事です。

現在は、直接、高齢者の介護に携わっているわけではありませんが、この業界に身を置くものとして、喜びと誇りを感じています。

しかし、だからといって、「高齢者介護の仕事は、やりがいのある仕事なので安い給与でも頑張ろう」などという気持ちは、全くありません。介護ビジネスが安定した産業として成長するためには、それを支える「高齢者介護のプロ」は、その知識や技術に応じた給与、待遇を得ることが必要だからです。

テレビや新聞などで報道される高齢者介護という仕事に対するイメージは偏ったものが多く、また介護の現場にいる人達の中にも、「介護労働に未来は乏しい」と考えている人が多いのですが、それは大きな間違いです。

　介護の仕事の未来、将来性はどのようなものか、また、市場価値の高い、介護のプロになるために何が必要になるのかについて、考えを述べます。

これからの仕事について

「これからの仕事」について尋ねられたり、議論をしたりする機会が増えてきました。

それは、「介護スタッフ不足で困っている」「介護労働の未来はどうだろう」といった狭い業界内の話ではありません。これからの時代、まともな給与をもらって、楽しい生活、幸せな人生を送るためにはどのような仕事が良いのか、また、仕事に何を求めるのか、何をしなければならないのか、といった大きなテーマです。

　ここで言う「仕事を選ぶ」という言葉の意味は、「アルバイトを探す」というのとは違います。どちらも、自分の労働をお金に換えるという点では同じですが、「仕事を選ぶ」というのは、生涯に渡って、何のプロフェッショナルになるのか、どのような技術や知識をもって社会に貢献するのかを選ぶということです。

　もちろん、その答えは１つではありません。

　往々にして「将来の仕事」に「未来の夢」という言葉が重なるように、その選択は、それぞれの考え方や人生観に関わるものですし、同時に「生業、生活の糧」でもありますから、「好きなことができれば、給与なんてどうでも良い」というものでもないからです。

ただそれでも、このテーマが特に近年、頻繁に話題に上るのは、これまで、いわゆる「良い仕事」「安定した仕事」と言われていたものに対する社会通念が大きく揺らいでいるからです。

安定した仕事を見つけるのが難しい不安定な時代

いくつか例を挙げてみましょう。

ほんの20数年前までは、就職すればその会社で、定年まで働くというのが一般的でした。

しかし、バブルの崩壊とともに、年功序列、終身雇用の時代は過去のものとなりつつあります。急激な為替変動や長期間続くデフレ、諸外国との競争の激化など、厳しい経営環境の中で、大手企業でもリストラとよばれる早期退職勧告やボーナスのカットなどが行われています。会社が傾けば、社内の評価、過去の実績、役職などすべて意味がなくなります。

週刊誌などで、時折「平均年収トップ１００企業」などという記事が掲載されますが、それが10年後、20年後に今と同じ状態にあるとは限りません。ほんの数年前まで「カリスマ社長」「ベンチャーの旗手」「時代の寵児」と、マスコミにもてはやされた会社の多くがどうなっているかを見れば、その浮き沈みの激しさ、スピードの速さがわかるでしょう。

技術革新やテクノロジーの進化も、労働環境に大きな影響を与えています。

これまで「ものづくりニッポン」を支えた熟練工、技術者は、コンピューター化、オートメーション化によって、その活躍の場を奪われています。機械に工芸品や美術品を作る能力はありませんが、同じ作業を正確に、迅速に繰り返し、安定した商品を大量に生産する技術は、人間の能力をはるかに上回ります。機械化によって単純労働の割合が増加したため、企業は、より安い労働力を求めて、中国や東南アジアへと、その生産拠点を移しています。

その影響は製造業だけではありません。インターネット技術の進展は、生命保険や株式投資といった金融業界、映像や音楽、電子書籍などの配信、更にはネットショッピングなど流通や販売業まで大きく変化させています。

仕事における、国家資格の価値も揺らいでいます。

ＩＴ革命によって情報化社会になると、弁護士や税理士といった情報を扱う専門職の市場価値は、より高まると予想されていたのですが、そう単純なものではありませんでした。

税理士に頼まなくても、パソコンソフトが決算処理、税務処理をしてくれますし、最近では確定申告でさえ、インターネットでできるようになっています。

また、弁護士に30分５０００円という相談料を支払わなくても、ネット上の掲示板に質問を書きこめば、知らない誰かが丁寧に教えてくれます。企業間の取引に必要な契約書や法的書類の書き方についても、パソコンで検索すれば、類似のものがたくさんでてきます。

２００４年に、「将来弁護士が足りなくなる」と、法科大学院が制度化されたのですが、それから10年も経たないうちに、最難関と言われる司法試験を突破して弁護士になっても、働く場所がない、仕事がないという社会になっているのです。

更に、今後、夕張市のように財政破綻する自治体の増加も懸念されていますから、「安定職業の№1」とされている公務員でさえも、10年後、20年後にはどうなっているかわかりません。

ここで挙げた職種や仕事は安定していない、将来性に乏しいと言っているわけではありません。ただ、急速に技術革新が進み、産業構造が大きく変化する中で、30年、40年と続けられる仕事を選ぶ、会社を選ぶことは、とても難しい時代になっているのです。

介護という仕事には未来がないのか

では、高齢者介護という仕事は、どうなのでしょう。

介護保険がスタートした当初、「介護はこれからの仕事だ」と多くの事業者が参入し、介護福祉士などの資格を求めて、専門学校や大学の福祉学部には多くの人が殺到、ホームヘルパーの研修も受講まで半年待ち、1年待ちとなりました。

しかし、それから15年が経過し、いまでは介護関連の専門学校では定員割れが進み、多くの地域、事業所で、慢性的な介護スタッフ不足、介護労働者不足が叫ばれるようになっています。

それは、「高齢者介護は大変な仕事だけど、給与が安い」というイメージが固定されてしまったからです。

最近のマスコミ報道を見ても、内容がどうであれ、「介護の現場は安い給与で頑張っている」といった決まり文句で締めくくられます。数年前には、国会で介護スタッフ不足の課題を問われたときに、「ハローワークで仕事を探している人に介護仕事を積極的に紹介する」と応えた厚労大臣もいます。その多くは、おためごかしというよりも、「介護の仕事は給与が安いよ」「介護は働く場所のない人の仕事だ」とネガティブキャンペーンをやっているようなものです。

その論調に乗って、「給与が安いので男性スタッフが結婚を期に介護の仕事をやめてしまうことを『寿退社』と言います」と勇んで話す男性に会いました。介護虐待の問題が起こると、「起こるべくして起こった。介護の仕事は給与が低いからだ」と話す管理者・施設長も少なくありません。

でも、本当にそうなのでしょうか。

介護職はもっとも安定性が高い

一般論として、「これからの仕事」の議論の中心となるのは、その安定性と将来性です。

言うまでもなく、高齢者介護という仕事は、これから超高齢社会を迎える日本において、1位、2位を争うほどの安定性の高い仕事です。

その理由は3つあります。

1つは、国内限定の労働集約的な仕事だということ。

本文の中でも述べましたが、高齢者介護は、コンピューター化、機械化できるような仕事でも、海外に持ち出せるような仕事でもありません。増加する要介護高齢者に対応するために、そのサービス量の増加に応じた介護労働者が必要になります。

2つ目は専門職だということ。介護の人材不足はこれからも続きますから、介護福祉士、社会福祉士、ケアマネジャーなどの資格を持っていれば、数十年先まで、全国どこでも、働く場所を探すのに苦労することはありません。専門職種には定年はありませんし、国家資格に対する評価は、介護報酬設定上も高くなっています。

3つ目は、給与や待遇が安定しているということ。

高齢者介護は、国内限定の社会保障制度に基づくサービスですから、為替相場や株式の動向などは直接的に経営に影響しません。また、報酬の支払を担保しているのは国ですから、貸し倒れはなく、サービスを適切に行えば、それに対する収入は必ず支払われます。

また、介護労働者が不足するということは、事業者を選べるということです。働く場所はどこでもありますから、セクハラ、パワハラなど劣悪な環境や待遇で我慢をして、不正や苦痛に耐えながら働き続けなければならないということはありません。

「高齢者介護は、安定した仕事だ」という点については、異論はないでしょう。

給料が上がらないと言われる理由

しかし、多くの介護労働者が口にするのは、「安定性が高いのはわかっている。でも、介護労働には将来性がない、介護報酬が決まっているので給与が上がらない」ということです。

それは、介護サービス事業の特性に起因しています。

一般的に、自由競争が基本である市場経済においては、モノやサービスの値段は需要と供給のバランスで決まります。それは労働条件も同じです。

学生バイトでも、お正月やお盆の時期には帰省する人が多くなるために時給が高くなりますし、スポーツ選手や芸能人は、人気がその待遇や収入に顕著に表れます。その他、営業や販売など、その成果が数値で表れやすい仕事では、その成績が給与やボーナスに直接反映されます。

しかし、介護サービスは、市場原理に基づく営利目的の事業でありながら、そのサービス内容やサービス時間、価格設定の基礎を、公的な介護保険法に縛られるという特殊な事業です。民間の需給バランス、市場原理によって、介護報酬が決まるわけではありません。

これを、労働者の視点で考えると、次のようになります。

［前提1］知識・技術・経験に関わらず、サービスに対する介護報酬は同じ。
［前提2］社会保障財政は逼迫しており、将来的に介護報酬が上がる見込みは少ない。
［結　論］介護労働の給与は、上がらない。

［Q.E.D.：証明修了］

この3段論法には穴がありません。

例えば、訪問介護の報酬単価は、要介護度と介護時間によって算定されます。

労働集約的な仕事ですから、1人の介護スタッフが1日に提供できる介護サービス量には限界があり、ベテランでも新人でも、ほとんど変わりません。

また、「あのヘルパーさんに来てほしい」と利用者からの指名が重なる人気のヘルパーでも、介護報酬は同じですし、別途指名料を取ることも禁止されています。そのため、非常勤のホームヘルパーが、5年、10年と勤務しても、時給を１０００円から、１５００円、２０００円と上げられるわけではありません。

同様に、デイサービスや介護付有料老人ホームでも、1日の受け入れ可能な利用者数、入所者定員は限られていますから、新人介護スタッフが3年後、5年後に同じ仕事をしていても、その給与は大きくは変わらないでしょう。

「介護労働者不足を解消するために介護報酬を上げてほしい」「介護労働の専門性を、報酬の中でもっと高く評価してほしい」という意見には賛成ですし、そうあるべきだと思っています。

しかし、国、地方自治体ともに莫大な借金を抱え、社会保障財政も非常に厳しい状況にありますから、介護報酬が今よりも5%、10%上がるということはありません。年齢や勤続年数などに応じて賃金を上昇させる「年功序列」という人事制度を介護サービス事業に導入することはできませんし、介護報酬だけで、介護労働者の平均年収を４５０万円、５００万円にすることは、業態として不可能なのです。

「ほらね、だから介護労働には未来がないんだよ」と言われると、それに反論することはできません。

大きく広がる介護という仕事の未来

しかし、介護業界にも、高い給与で他の介護サービス事業者から来てほしいと、引く手あまたの労働者がいるのをご存じでしょうか。

それは、介護サービス事業所を統括する優秀な管理者です。

現在、介護サービス業界でも、経営の二極化がすすんでいます。

安定して経営を続けている事業者がいる一方で、利用者、入居者が集まらず、倒産する事業者が増えています。また、全国的に介護スタッフ不足が問題になっていると言われていますが、同じ地域内であっても、すべての事業所で介護スタッフが足りないというわけではありません。離職率が高い・低い、利用者が多い・少ない、事業者それぞれです。

しかし、介護保険法に基づく介護ビジネスは、介護報酬が基礎となりますから、サービス内容や費用はほぼ同じですし、スタッフの給与も大きく変わるわけではありません。

その違いがどこにあるのかと言えば、「サービス管理の質」です。

介護ビジネスは、商品性に大きな違いがないため、サービスの質というものが顕著に表れます。

サービスの質の高いところは、利用者や家族からの信頼や満足度が高いため、トラブルやクレームも多くありません。地域の医療機関や他のサービス事業者からの信頼は高く、次々と利用者や入居者の紹介が入ります。また、働きやすいためにスタッフの離職率も高くありません。

これが逆になると、離職率は高くなり、スタッフ募集や利用者募集、トラブル・クレーム対応に追われることになります。「辞められると困るから」と注意もできないため、サービスの質はどんどん低下し、ぞんざいな言葉遣い、手抜き介護が当たり前の雰囲気になっていきます。それによって更に、トラブルや離職率が高くなるという負のスパイラルに陥ることになります。

介護ビジネスにおけるサービスの質とは、スタッフの質です。

そして、それは管理者の資質、サービス管理能力によって決まります。

つまり、サービスを統括し、スタッフを教育できる優秀な管理者がいるか否かによって、介護ビジネスの成否は、確実に決まるのです。

そのため、介護ビジネスを展開する多くの企業が、優秀な管理者を探しています。

マスコミなどで、「40歳の男性平均給与は、介護労働者は一般の会社員と比較すると１００万円以上低い」などのデータが示されることがありますが、これはあまりにも恣意的です。

介護保険制度は、まだできて15年程度ですから、20年間、同じ会社で働いて課長、部長クラスになっている人達と、転職組の多い、働き始めて5年、３年未満の人も多い介護業界の給与水準を年齢だけで比較しても意味がありません。

介護業界においても、10年、15年と勤務して、サービス管理者や部門の責任者を務めている人の給与は、他の業界と比較しても、決して低いわけではありません。

特に、介護業界は、新規参入事業者が多いため、経験豊富で実績のある優秀なサービス管理者であれば、年収５００万円、６００万円は当たり前で、能力によっては１０００万円出しても欲しいといわれる事業者もあります。業態や規模にもよりますが、サービスの向上がもたらす経営の安定や収支の向上を考えれば、それでも安いくらいです。

現在、スタッフ不足を背景にした介護スタッフ・看護スタッフの派遣会社がたくさんありますが、今後は管理者の紹介やヘッドハンティングを手がける会社が増えていくでしょう。能力の高い管理者は取り合いになり、より高い給与、待遇で迎えられる時代になります。

また、高齢者介護は、新しい産業ですから、どれだけ能力が高くても、上の方でポストが詰まっているので上がれないという古い業態ではありません。大手の事業者でも、無資格、未経験で入社しても、働きながら資格を取得して5年程度で管理者に抜擢される人もいます。

個々のスタッフの努力、キャリアアップによって、「事業の中核を担う介護のプロ」になれば、その将来性は大きく広がっていくのです。

介護のプロになるために

介護のプロとなるために、必要な視点を、２つ挙げておきます。

１つは、明確な目標を持つことです。

高齢者介護の仕事とひと口で言っても、大きく広がりのあるものです。

訪問介護、通所介護、特養ホーム、グループホームなど、同じ介護労働といっても、その業務内容、勤務体系はそれぞれに違います。また、介護付有料老人ホームで働くと言っても、介護スタッフだけでなく、生活相談員、ケアマネジャーなど、その業種は多岐にわたります。ビジネスとして独立するチャンスも大きく広がる業界です。

これからは、介護スタッフ、ケアマネジャー、管理者として現場で、高齢者介護やサービス管理の基礎をしっかり勉強したスタッフが、信頼できる仲間と一緒に「私はこういう介護をしたかった」「私の求める介護の姿はこれだ」と高い理念を持って経営者として事業に参入してくるでしょう。本来、それがあるべき姿であり、そのような時代になることを心から望んでいます。その人達が高齢者介護ビジネスの未来を変えていくことになります。

また高齢者介護は、様々な視点からの「生活支援」が仕事ですから、それまで全く畑違いの仕事をしていた人間でも、その経験が無になるわけではありません。営業、販売、他のサービス業、建築設計、そして専業主婦まで、その経歴、経験はすべてプラスに働きます。

「介護福祉士の資格をとる」といった目先の目標だけでなく、5年後、10年後、中長期的に、自分は何をしたいのか、どのようになりたいのか、将来の目標をしっかり持つことが必要です。それは、30代、40代からのスタートであっても、決して遅くはありません。

そして、もう1つ大切なことは、働く事業所を選ぶということです。

いま、大きく変わりつつあるのが、高齢者介護の教育体制です。

人事評価システムの流れ

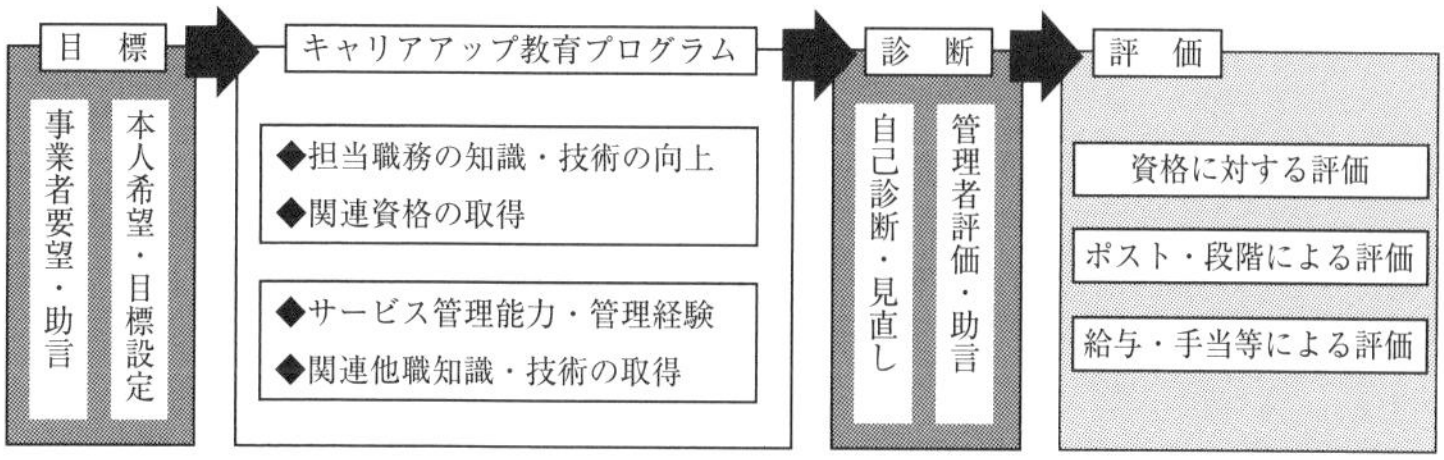

企業が事業を展開、拡大する上でも、また長期安定的に運営を続けるためにも、優秀な介護スタッフや管理者の育成が急務となっています。そのため一部の先進的な法人、企業では、スタッフ教育やキャリアパスに力を注ぎ始めていますし、それに対する行政の支援も始まっています。

人事評価やキャリアパスを組み合わせた個別教育プログラムを策定する介護サービス事業者も増えてきました。それは、図のように全スタッフと個別に面談し、将来の希望を聞きながら、中長期的な視点から年度毎の教育目標を立て、個別に支援プログラムを構築し、人事評価につなげていくというものです。

今後、スタッフ教育やサービス管理者の育成において、その中核になるのはリスクマネジメントです。

身体機能の低下した要介護高齢者を対象としている以上、疾病による急変や転倒、骨折などの事故は避けられませんが、最近では、その責任を巡ってスタッフ個人が裁判で訴えられるようなケースもでてきています。事業者がトラブルやクレームから守ってくれなければ、介護スタッフは安心して働くことはできません。

利用者、家族の権利意識が大きく変化する中で、長期安定的に適切なサービス提供を続けるには、「高齢者の安全な生活を守る」ということだけでなく、「トラブルからスタッフを守る、事業の安定を守る」というサービス管理、経営管理の視点に立ったリスクマネジメントの視点が不可欠です。

介護事故対策は単に「介護事故を減らす」ということではありません。ケアマネジメントやサービス開始時の説明、事故発生時の初期対応、家族への説明など、日々行っている業務、サービスすべてに関わってくるものです。更に、感染症や食中毒予防、火災や自然災害への対策、苦情・クレーム対策など、多岐にわたります。サービスの基礎となる各種マニュアルや「報・連・相」のシステム整備も重要です。

介護保険から15年を経過し、ようやく「ご利用者のために……」「高齢者の視点で……」といった漠然とした主観的なサービス管理から、「介護事故対策」「苦情対策・初期対応」といった、介護ビジネスの事業性を基礎とした、サービス実務や管理ノウハウの構築に視点が移ってきたとも言えます。

介護サービス、介護ビジネスというのは、非常に奥の深いものです。

「介護のプロになりたい」と考えて就職したのですから、5年後10年後の将来像をイメージでき、それに向かって成長していることが自覚できれば、「介護に将来がない」といった暗闇に落ちることはないはずです。

ただし、この教育体制は、ケアマネジメントやリスクマネジメントなどのサービス管理のノウハウと一体的なものであり、企業間、法人間で大きなバラツキがあります。

教育体制に自信を持っている事業所は、面接や事業説明会などで、しっかりと説明してくれますし、その違いは管理者や、働いているスタッフの動きを比較すれば一目瞭然です。

逆に、どのような法人、事業所がダメなのか、どんな管理者、施設長のもとで働いてはいけないのかは、本文の中でも述べたので、あらためて言うまでもないでしょう。また、中には管理者、施設長と言っても、何の権限もなく、給与も安く、組織上の名前だけで、営業の使い走りをさせられているようなところもありますから、教育体制やその評価方法について確認することが必要です。

市場価値・市場評価の時代へ

ここまで、「高齢者介護の将来性」について、述べてきました。

もちろん、「高齢者介護の仕事が一番、将来性が高い」などという気はありません。

ただ、どの業界で、どのような仕事を行うにしても、労働に対する評価基準が、「年功序列・終身雇用」から、「社内評価・成果主義」を超えて、「市場評価、市場価値」という新しい時代にはいっていることを、労働者も経営者も強く意識しなければなりません。

それは、労働者は高い給与が欲しければ、「労働の市場価値」を高めるような働き方をしなければならないということ、そして経営者は、その価値を育て、かつ適切に評価できなければ、事業が成り立たなくなるということです。

もちろんそれは給与、待遇だけではありません。

今でも、優良な介護サービス事業所の管理者と話をすると、「この会社に入ってよかった」「自分の居心地の良い場所で、信頼できるスタッフと楽しく仕事ができている」と、満足度が高いことがわかります。

数か所の介護サービス事業所を運営する小規模の株式会社でも、管理者が取締役になって、サービス向上や職員の待遇改善を直接、求めることのできるところもあります。「できれば、あと3年で地元に帰って独立したい」と、明確に将来の目標を語る管理者もいますし、その独立を支援したいと語る経営者もいます。

「企業は人だ」と言われますが、特に、介護サービス事業においては、「スタッフの質が商品の質、サービスの質」です。それは、それぞれの労働者の市場価値が最大限に評価される業界だとも言えるでしょう。

5年後、10年後を見据えて仕事をできる人には、それに応じた待遇が与えられますし、そうでない人はそれなりにしかなりません。同様に、介護労働の高い将来性をスタッフに語ることのできる、高齢者介護、高齢者住宅の未来を見せることのできる事業者にはスタッフが集まり、そうでない事業所は淘汰されていくのです。

もちろん、介護労働者も、日々言われた業務をこなすだけ、単純労働をお金に変換するだけの働き方では、その未来を掴むことはできません。高い給与が欲しいなら、やりがいのある仕事がしたいのであれば、その未来は、自分の力で、努力で掴み取っていかなければなりません。

介護業界には、年齢、性別に関わらず、そのチャンスが多く、大きく広がっているということ、それが本当の将来性だと思うのです。

最後まで読んでくださって、ありがとうございました。

介護サービス業界、高齢者住宅産業は、いまだ矛盾や無駄が多く、そのひずみが解消される過程で、大きな混乱は避けられないと考えています。

ただ、その先を見据えて動くことができれば、労働者にとっても、事業者にとっても、大きな未来が見えてくるでしょう。

末筆になりましたが、本書の出版の機会を与えてくださった、花伝社の平田勝社長、編集をご担当いただいた水野宏信さんに、心からお礼を申し上げます。

２０１５年８月　濱田　孝一

濱田孝一（はまだ・こういち）
1967年生まれ。経営コンサルタント。90年立命館大学経済学部卒業、旧第一勧業銀行入行。その後、介護職員、社会福祉法人マネジャーを経て、2002年に住宅コンサルティング会社を設立。現在は、高齢者住宅の開設、運営サイト「高住経ネット」の主幹として高齢者住宅のコンサルティングを行っている。社会福祉士、介護支援専門員、建物設備取引主任者、ファイナンシャルプランナー。

E-mail　hamada@koujuu.net

高齢者住宅があぶない——介護の現場でいま何が起こっているのか

2015年9月10日　初版第1刷発行

著者 ——濱田孝一
発行者 —平田　勝
発行 ——花伝社
発売 ——共栄書房
〒101-0065　東京都千代田区西神田2-5-11出版輸送ビル2F
電話　03-3263-3813
FAX　03-3239-8272
E-mail　kadensha@muf.biglobe.ne.jp
URL　http://kadensha.net
振替 ——00140-6-59661
装幀 ——三田村邦亮
印刷・製本—中央精版印刷株式会社

©2015　濱田孝一
本書の内容の一部あるいは全部を無断で複写複製（コピー）することは法律で認められた場合を除き、著作者および出版社の権利の侵害となりますので、その場合にはあらかじめ小社あて許諾を求めてください
ISBN978-4-7634-0753-5 C0036

有料老人ホーム 大倒産時代を回避せよ

濱田孝一　定価（本体1700円＋税）

高齢者住宅経営コンサルタントの警告
このままでは大量倒産時代が来る！
開設ありきの安易な事業計画、数年後には表面化する経営リスク。行き場を失う高齢者・入居者の保護対策を急げ！　厚労省と国交省の縄張り争いの中から生まれた、「有料老人ホーム」と「高専賃」の混乱の実態と矛盾を衝く。

有料老人ホームがあぶない

濱田孝一　定価（本体 1600 円＋税）

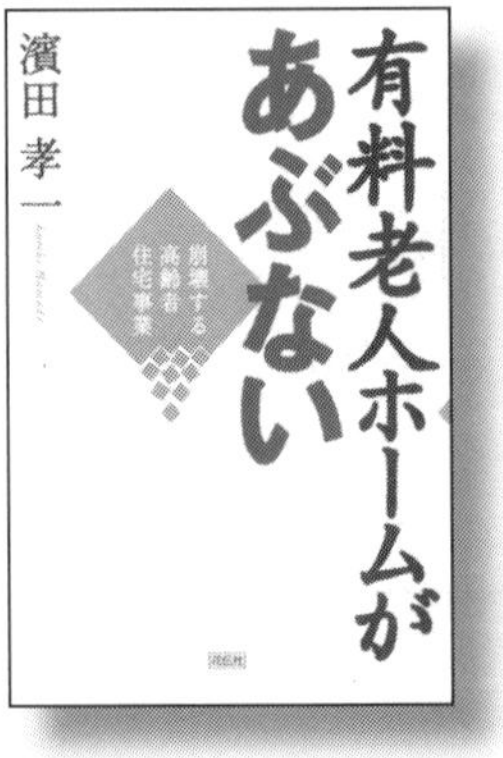

トラブル激増、倒産の危機にたつ有料老人ホーム
迷走する介護保険・高齢者住宅事業。行き場を失う高齢者。問題の根幹はどこにあるか？　大量倒産・崩壊をどう回避するか？